ERICH BAYER

GRUNDZÜGE DER GRIECHISCHEN GESCHICHTE

GRUNDZÜGE

BAND 1

ERICH BAYER

GRUNDZÜGE DER GRIECHISCHEN GESCHICHTE

1978

WISSENSCHAFTLICHE BUCHGESELLSCHAFT
DARMSTADT

Die erste Auflage erschien 1964

CIP-Kurztitelaufnahme der Deutschen Bibliothek

Bayer, Erich:
Grundzüge der griechischen Geschichte. — 5., überarb. Aufl. — Darmstadt: Wissenschaftliche Buchgesellschaft, 1978.
(Grundzüge; Bd. 1)
ISBN 3-534-02664-0

wb Bestellnummer 2664-0

5., überarbeitete Auflage

Satz: Carl Winter, Darmstadt
Druck und Einband: Wissenschaftliche Buchgesellschaft, Darmstadt
Printed in Germany
Schrift: Linotype Garamond, 9/11

ISBN 3-534-02664-0

JOSEPH VOGT

zugeeignet

INHALT

EINLEITUNG

Wollte man nach dem äußeren Bild des Angebots urteilen, dann ist die Beschäftigung mit der griechischen Geschichte heute so intensiv wie nie zuvor. In den letzten Jahrzehnten sind im deutschen Sprachraum zahlreiche Darstellungen und Hilfsmittel neu oder in neuem Gewande erschienen [1], und daneben wird noch eine beträchtliche Anzahl älterer Werke oder auch Bücher minderen wissenschaftlichen Ranges gelesen oder zumindest gekauft. Falls solchem Reichtum ein echtes Interesse auf der Seite der Angesprochenen die Waage hält, wird man dies freilich mit einer Neubelebung unserer alten

[1] Die Lehrbücher der letzten Generation, U. Wilcken, Griech. Geschichte im Rahmen der Altertumsgeschichte, 1929, 9. Aufl. v. G. Klaffenbach, München 1962 (mit Literaturangaben; mit besonderer Berücksichtigung der Geschichte des Vorderen Orients und der griech. Kultur), und H. Berve, Griech. Geschichte, Freiburg 1931, zuletzt in Taschenbüchern 1962—65, sind inzwischen offenbar vom Markt verschwunden.

Nach wie vor Bestand hat das wissenschaftliche Handbuch: H. Bengtson, Griech. Geschichte von den Anfängen bis in die Röm. Kaiserzeit (Handbuch der Altertumswiss. III 4) 1950, 4. Aufl. München 1969 (Sonderdruck des Textteils, 3. Aufl. München 1974). Weitere reiche Literaturangaben bei: I. Weiler, Griech. Geschichte, Darmstadt 1976 (ein — für den Benutzer leider etwas unhandliches — bibliographisches Handbuch); M. I. Finley, Die Griechen, dt. München 1976 (eine erste Einführung); R. Flacelière, Griechenland, dt. Stuttgart 1977.

Im Rahmen von Gesamtdarstellungen der Weltgeschichte seien erwähnt: F. Schachermeyr, A. Heuß, C. B. Welles, O. Gigon in: Propyläen Weltgeschichte III, Berlin 1962, M. I. Finley, K. Bengtson, P. Grimal in: Fischer Weltgeschichte III—VI, Frankfurt a. M.

humanistischen Traditionen kaum hinreichend erklären können, mit dem Wunsch, ein teures Erbe in neuer geläuterter Form bestätigt und bewahrt zu sehen. Zu vieles, was uns einstmals vertraut war, ist uns fremd geworden.

Indes auch das Fremde übt seinen Reiz. Dem menschlichen Wissens- und Erkenntnisdrang dankt heute die Archäologie, das große Abenteuer des Spatens, eine unerwartete Popularität, und auch die Geschichte ferner Zeiten mag davon profitieren, zumal ihre Vertreter das heuristische Prinzip, daß das Ferne anders ist als wir, niemals preisgegeben haben. Pessimisten mögen es bedauern, daß sich heute breite Kreise unserer Gebildeten der griechischen Geschichte nur wie einem dunkel erahnten Neuland zuwenden, so etwa, wie der Vater der Geschichte, Herodot, im fünften Jahrhundert v. Chr. die Länder des Vorderen Orients bereiste, doch phänomenologisch handelt es sich schließlich um ein und dasselbe, die urgriechische Lust am Schauen und Erfahren, die *historíe* schlechthin.

Auch die wenig spektakuläre Arbeit des Historikers hat nach wie vor etwas vom Wagnis, vom geistigen Abenteuer an sich, erst recht in einem Bereich, in dem trotz einem Jahrhundert intensivster Forscherarbeit noch so wenig endgültig fixiert, noch so vieles offen, der Erkenntnis und der Deutung harrend ist. Nach wie vor sind selbst für das klassische fünfte Jahrhundert nicht alle chronologischen Fragen eindeutig erklärt, nach wie vor ist die Periodisierung der griechischen Geschichte umstritten, sind unsere Vorstellungen von

1965/66, E. Bayer in: Saeculum Weltgeschichte I/II, Freiburg i. Br. 1965/66.

Eine neue Deutung versucht F. Schachermeyr, Griech. Geschichte mit bes. Berücksichtigung der geistesgeschichtl. u. kulturmorphologischen Zusammenhänge, 3. Aufl. Stuttgart 1978. Vgl. auch E. Bayer, Griech. Geschichte, 2. Aufl. Stuttgart 1977 (mit zahlreichen Quellenzitaten in dt. Übersetzung).

der Frühgeschichte ständigem Wandel unterworfen, nach wie vor wächst stetig neues Material zu[2], und vor allem sind Raum und Zeit der griechischen Geschichte ohne feste, allgemein verbindliche Abgrenzungen. Wo beginnt, wo endet sie? Überblickt man daraufhin die maßgebenden Darstellungen, so wird man nicht geringe Abweichungen finden, seitdem Johann Gustav Droysen (1808–84) durch sein gewaltiges Fragment der Geschichte des Hellenismus den unteren Festpunkt, die Schlacht bei Chaironeia 338 v. Chr. zu Fall gebracht hat, und vollends seitdem neue Wissenschaften und Methoden immer tiefere Einblicke in vorhistorische Zeiträume eröffnen.

Einer der bedeutendsten Historiker unserer Zeit, Arnold

[2] Es sei nur an die heute kaum mehr umstrittene Entzifferung der mykenischen Silbenschrift Linear B durch Michael Ventris erinnert (erste Veröffentlichung Journal of Hellenic Studies 73, 1953, 84 ff.; vgl. John Chadwick, Linear B. Die Entzifferung der Mykenischen Schrift, dt. Göttingen 1959; S. Alexiou, Minoische Kultur, Göttingen 1976; ein endgültiges Urteil über die genaue Datierung der Schriftdenkmäler ist z. Z. noch nicht möglich).

Das Jahr 1958 brachte einen Papyrusfund, die vollständige, 316 v. Chr. aufgeführte Komödie ‚Der Griesgram' des Menander (erste Ausg. V. Martin, Pap. Bodmer IV, 1958; dt. Übersetzung von Max Treu, Heimeran 1960; Ernst R. Lehmann-Leander in: Meisterwerke d. antiken Komödie, Samml. Dieterich o. J.).

Lebhafte Diskussionen erregte die sogen. Themistokles-Inschrift von Troizen (ed. M. H. Jameson, Hesperia 29, 1960, 198 ff.; Lit. bei S. Dow, The Class. World 55, 1962, 105 ff.), ein Fragment über die Kriegsvorbereitungen 480 v. Chr., das indes aus wesentlich späterer Zeit stammt.

Wesentliche Bereicherung unserer Kenntnis der minoischen Kultur brachten die Ausgrabungen des Palastes von Káto Zákros im Osten Kretas (seit 1961; vgl. N. Platon in: L. v. Matt, Das antike Kreta, Würzburg 1967) und auf der Insel Thera (seit 1967; S. Marinatos, M. Hirmer, Kreta, Thera und das mykenische Hellas, 2. Aufl. München 1973).

J. Toynbee[3], hat den Versuch unternommen, den gordischen Knoten zu durchhauen. Er scheidet zwischen dem ethnischen Begriff Griechen und dem kulturell-politischen Hellenen und gelangt so – zumindest für seinen spezifischen Hellenismusbegriff – zu festen Grenzen. Nach ihm wären etwa die Träger der mykenischen Kultur und später die Makedonen zwar Griechen, aber keine Hellenen, während ein Augustus, ein Hadrian und ihre Zeit zwar nicht den Griechen, wohl aber den Hellenen zuzurechnen sind.

Man befreundet sich nur ungern mit einer Konzeption von so viel Folgerichtigkeit. Selbst wenn die Tragfähigkeit ihrer Kriterien gesichert wäre: – sie konstituiert, was nie in das Bewußtsein der Antike getreten ist. Fragen wir statt dessen die Betroffenen selbst, jene Griechen, die sich Hellenen nannten und nicht anders. Gewiß war auch ihr Selbstverständnis geschichtlichen Wandlungen unterworfen – sahen sie sich zunächst als die Stämme griechischer Zunge, denen die Welt der ‚stammelnden' Barbaren gegenüberstand, so begegnet uns doch verhältnismäßig bald bei einsichtigen Männern wie dem Redner Isokrates (436–338) die Absage an jeden nationalen Chauvinismus, die nach der Bildung, der *paídeusis* zu urteilen anempfiehlt –, in einem aber sind sie sich stets treu geblieben: in rechter Kenntnis des eigenen Wesens schätzten sie stets die prägende Kraft des kostbarsten Vermächtnisses am höchsten, das ihnen ihr Dichter Homer aus einer längst versunkenen Adelswelt bewahrt hatte: das ‚agonale Moment', wie es Jakob Burckhardt (1818–97) nannte, das nie rastende Verlangen nach allseitiger Vervollkommnung des eigenen Ichs, das nach der Bewährung im Wettstreit drängt[4]. So ist es kein Zufall, daß ihre Legitimation, ihr

[3] Maßgebend ist hier v. a. das in Deutschland wenig bekannte Buch Hellenism, The History of a Civilization, London 1959 (vgl. dazu HZ 195, 1962, 132 ff.).

[4] Dazu Max Pohlenz, der hellenische Mensch, Göttingen 1947, v. a. S. 433 ff.

‚Staatsangehörigkeitsnachweis', in klassischer Zeit das Recht der Teilnahme an den Olympischen Spielen war, und daß sich noch in der hellenistischen Welt die Griechen von ihrer Umwelt durch die Bezeichnung ‚Die Leute vom Gymnasion' abhoben.

Geschichte freilich hat es in erster Linie mit politischen Gestaltungen zu tun. Und so wird sich unsere Betrachtung in ihrer gedrängten Kürze auf diese politischen Gestaltungen beschränken müssen, soweit sie sich selbständig und in freien Entscheidungen formten, auch in diesem Rahmen noch eingeengt durch den schmerzlichen Verzicht auf das Detail, das erst das Vergangene gegenwärtig und interessant macht. Sie beginnt mit der Frühzeit eines kleinen Balkanlandes und endet mit der Zeitwende in einem Raum, der weit über die Grenzen des östlichen Mittelmeers hinausreicht. So ist es oft geübter Brauch; man sollte ihn nicht als mißlich empfinden, sondern durchaus ernst nehmen, was er im Grunde besagt: wir stehen vor dem Phänomen des Verströmens einer unerhörten geballten Kraft, selbstmörderisch im Politischen, doch fortwirkend und fortzeugend in jenen Bereichen des Geistes und der Kultur, die das eigentliche Wesen des Griechischen ausmachen.

Um ihrer Kunst, ihrer Literatur und Philosophie willen gehört den Griechen unser Herz; ihre Geschichte dagegen empfinden wir als verwirrend und unbefriedigend. Großen Leistungen stehen hier Verblendung und Versagen gegenüber, vermeidbares Leid, Jammer und Tränen. Doch das Leben der Menschen ist zu allen Zeiten ein Ganzes; Achtung, Bewunderung, Begeisterung dürfen nie Kritik, Bedauern oder Mitleid verstummen lassen, so lehrt die Geschichte den Menschen, wiewohl zuzeiten vergeblich, im Dienste der Wahrheit und zu seinem Nutz und Frommen.

DIE HELLADISCHE ZEIT

Das Land der Hellenen ist in Europa von einmaliger Prägung, ‚eine Schweiz, ins Meer gestellt', wie Theodor Birt sagte. Gebirge und Meer bestimmen sein Gesicht. Auch ohne die zerstörerische Wirkung einer Jahrtausende alten Geschichte setzt die Ertragfähigkeit des Bodens den Menschen enge Grenzen. Die landschaftlichen Räume sind klein, überschaubar, nur im Norden, in der Thessalischen Ebene, formen sie sich zu größeren Einheiten.

Eine Landschaft wie diese stellt ihren Bewohnern fest umrissene Aufgaben. Übervölkerung bildet auf Jahrhunderte hin das wichtigste Problem. Ein Weg zu seiner Lösung liegt freilich von vornherein nahe: die reich gegliederte Küste, ein Meer, das durch die Inselbrücke im Osten auch für eine primitive Schiffahrt leicht zu bewältigen ist, weisen von selbst in die Ferne. Daheim bestimmt kantonale oder insulare Enge die Richtung: sie erschwert die Bildung exorbitanter Vermögen ebenso wie sie bei zunehmender Bevölkerung den Hausfleiß auf die Bahn kleinbürgerlichen Gewerbes drängt; Qualität muß Konkurrenzfähigkeit und Existenz sichern, wo es Quantität nicht vermag.

Leicht ließen sich diese Perspektiven mit einer Schilderung der Impulse für Handel und Wandel weiter öffnen – wenn nicht die Vielfalt kleinräumiger Besonderheiten jede Verallgemeinerung verböte. Diese Vielfalt aber, die sich im Widerspiel der Kräfte schwächend, verzehrend auswirkt, die jedoch keine satte Stagnation duldet und Ansporn ist zu überragenden Leistungen von Bestand, macht die griechische Geschichte in einem zweiten, höheren Sinn zu einem Teil der europäischen.

Die Anfänge lassen allerdings von Differenzierung noch wenig verspüren. Dies liegt nicht nur an der Dürftigkeit der Kenntnisse, die wir über die frühe Zeit besitzen, denn wir sehen zwar, wie die Geschichte späterer Jahrhunderte einen nicht geringen Teil ihrer Dynamik aus dem unterschiedlichen Entwicklungstempo der einzelnen Räume erhält, doch dieses Gefälle ist erst in geschichtlicher Zeit entstanden. Und außerdem wissen wir von einigen Grundtatsachen, die uns die entscheidenden Ansätze zur Aufgliederung des griechischen Geschichtsraums verstehen lehren.

Die Periode, die diesen Prozeß einleitet, ist die griechische Frühgeschichte oder, mit den heute allgemein üblichen Begriffen der Archäologie bezeichnet, die Bronzezeit, das Helladikum[1]. Ihr Beginn schließt fast unmittelbar an jene spätneolithische Zeit, aus der unsere ersten einigermaßen festumrissenen Kenntnisse über das frühe Griechenland stammen, ihr Ende aber ist durch eine Katastrophe bezeichnet, durch jenen Dammbruch indogermanischer Völker, den man die Große oder im begrenzteren griechischen Raum die Dorische Wanderung nennt.

Schon die alten Griechen rangen sich schweren Herzens zu der Überzeugung durch, daß sie nicht die ersten waren, die in ihrem Lande saßen. Sie sprachen von einer Urbevölkerung der Pelasger, Leleger oder Karer. Auch wir bezeichnen heute als karisch oder als kleinasiatisch, als ägäisch eine jedenfalls vorindogermanische Schicht, über deren ethnische oder sprachliche Zugehörigkeit jedoch keine Gewißheit

[1] Die Chronologie dieser Frühzeit, die natürlich nur geschätzt ist, gibt Friedrich Matz, Kreta u. frühes Griechenland, Baden-Baden 1962, S. 243, wie folgt:

Kreta		Hellas	
Frühminoisch	2600—2000	Frühhelladisch	2500—1850
Mittelminoisch	2000—1550	Mittelhelladisch	1850—1600
Spätminoisch	1550—1150	Späthelladisch (= Mykenisch)	1600—1150

herrscht[2]. Ihr ist eine jungsteinzeitliche Kultur zuzusprechen, die man nach dem bedeutendsten Fundort (Thessalien, in der Nähe des heutigen Volo, oder des antiken Iolkos, von dem einst die Argonautenfahrt ausging) Sesklo-Kultur nennt. Vorwiegend agrarisch, mit rechteckigen Haustypen, anscheinend ohne Befestigungsanlagen, mit einer Keramik von erstaunlich reifer Formensprache ist sie am Anfang des dritten Jahrtausends über Griechenland weithin verbreitet. Ihre bestimmenden Einflüsse erhielt sie zweifellos aus Kleinasien; sie steht damit – nach einer glücklichen Prägung von Fritz Schachermeyr – unter der Einwirkung der ‚Vorderasiatischen Kulturtrift', in deutlichem Gegensatz zum neolithischen Kreta, das bereits jetzt starken Einflüssen aus Nordafrika, vor allem aus Ägypten, offen ist.

Noch weniger läßt sich mit Gewißheit von einer zweiten, jüngeren Kulturschicht aussagen, die bis zur Jahrtausendmitte, bis zum Beginn der Metallzeit herabreicht. Ihren Namen hat sie von der Fundstätte Dimini, einem befestigten Herrensitz unweit von Sesklo, ihre Verbreitung reicht nicht wesentlich über den thessalischen Raum hinaus. Bandkeramische Einflüsse aus Zentraleuropa sind gesichert, doch damit ist über die Träger der Dimini-Kultur, ihre Zugehörigkeit und Herkunft noch nichts entschieden.

Auch die Frühbronzezeit des Ägäisraums, die Jahrhunderte von 2600 bis 2000, liegt noch vor der Einwanderung massierter indogermanischer Völkergruppen. Es kann kein Zweifel darüber bestehen, daß die Kunst der Metallverarbeitung ihren Weg von Ost nach West genommen hat[3], daß das

[2] Epochemachend, doch nicht konsequent ausgeschöpft ist die Entdeckung des Wiener Indogermanisten Paul Kretschmer, daß Lokalnamen und Vokabeln mit den Suffixen -nth-, -nd-, -ss- (z. B. Labyrinth, Tiryns, Alabanda, Knossos, Hymettos) vorgriechisch sind. Ein rückläufiges Lexikon der griechischen Sprache vermag so den Blick in eine Welt zu öffnen.

[3] Die Kenntnis der Geschichte des Vorderen Orients wird für

Frühhelladische des Festlands später einsetzt als die entsprechenden Epochen in Kleinasien, auf den Ägäisinseln und Kreta, und zwar ohne große Völkerverschiebungen und Wanderungen, die sonst so häufigen Folgewirkungen beim Auftreten eines neuen Metalls.

Der Historiker ist für diese Periode nach wie vor auf die Führung der Archäologie angewiesen. Sie muß ihm vor allem anhand der Keramik die anscheinend kontinuierliche Verbindung zur Jungsteinzeit erläutern, sie muß die nun greifbar auftretenden lokalen Besonderheiten des Festlands, der Inselgruppen, Kleinasiens und Kretas mit möglichster Schärfe fassen. Doch sie verwendet auch die Analyse der gesamten Formensprache, um die Eigenständigkeit der altägäischen ‚Karer' und gleichzeitig die Einflüsse von außen, vom Innern Anatoliens und von Ägypten zumal, herauszuarbeiten.

Daß wir es jetzt mit einer stärker differenzierten Gesellschaft zu tun haben, ist von vornherein klar. Hier wie überall ist der Metallurg der älteste Spezialist. Darüber hinaus sehen wir Burgen, Herrensitze – die ältesten troischen Burgen, Troja I und II, gehören der Frühbronzezeit an –, Beginn städtischer Siedlung und Intensivierung eines weiträumigen Handels, der die Grenzen der Ägäiswelt weit überschreitet. Verbreitet ist die Verehrung der neolithischen Muttergottheit, der kleinasiatischen Großen Göttin, allmählich gewinnt daneben auf Kreta der Stier Bedeutung.

Diese Welt, die uns nur die Phantasie bildhaft ausgestalten könnte, findet auf dem griechischen Festland ein gewaltsames Ende. Spuren der Zerstörung fast überall, während sie am Ende der mittelhelladischen Zeit völlig fehlen. Dies läßt nur

den, der sich der griechischen zuwendet, von Tag zu Tag unentbehrlicher. Einen Überblick über den rasch fortschreitenden Gang der Wissenschaften gibt Sabatino Moscati, Die Kulturen des Alten Orients, München 1962; vgl. D. Edzard u. a. in: Saeculum Weltgeschichte I, Freiburg i. Br. 1965.

einen Schluß zu: die erste indogermanische Einwanderung, die man früher gern um 1600 ansetzte, fand in Wahrheit schon um 1950 statt, mit anderen Worten, die ersten Griechen erscheinen in Griechenland rund zwei Jahrtausende vor unserer Zeitrechnung. Damit beginnt die griechische Geschichte mit dunklen Jahrhunderten, denn die spärlichen Funde aus dem Mittelhelladikum bringen des Neuen nur wenig, die Fortführung des Frühhelladischen überwiegt. Doch eines muß in diesen Jahrhunderten geschehen sein, wovon die Zeugnisse einer schriftlosen Kultur nicht zu reden vermögen: diese ersten Indogermanen müssen ihre Sprache, das Protogriechische, wie man heute gerne sagt, in steten Kämpfen durchgesetzt haben, als sie in die Fußtapfen der vorgefundenen, überwundenen Bevölkerung traten, denn die späthelladische oder mykenische Welt ist ohne jeden Zweifel die der Vorväter der Griechen, der Achäer, wie sie sich selbst wohl nannten.

So ist das Mittelhelladikum im Grunde eine Zeit des Schweigens, der Vorbereitung, während gleichzeitig die Uhren Kretas anders gehen, mit dem östlichen Mittelmeer synchron. Hier entfaltet sich, über die Grenzen der mittelminoischen Zeit hinweg, in den Jahrhunderten 2000–1400 die Epoche der Paläste, der Lebensfreude und Heiterkeit einer unbeschwerten, verfeinerten Zivilisation und Naturnähe zugleich, mit ihren Farben, Fresken, Keramiken, mit all dem, was auch heute noch im Gewande einer etwas penetranten Rekonstruktion den Reisenden entzückt und begeistert.

Während sich die Kurve dieser Entwicklung allmählich neigt – dreimal, um 1700, 1600 und 1450, wurden die Paläste Kretas durch Naturkatastrophen zerstört, was seit 1600 auch den Verfall der kretischen Seeherrschaft zur Folge hatte –, beginnt sich das Festland kräftig zu regen. Noch verharrt ein Teil des ersten indogermanischen Völkerschubs, rückständig im wahrsten Sinne des Wortes, auf vergleichsweise primitiver agrarisch-viehzüchterischer Basis, aber jene

Stämme, die am weitesten südlich vorgestoßen sind in die Ausstrahlungswärme der mediterranen Kulturen, treten mit großen Leistungen hervor. Überraschend, plötzlich vollzieht sich das nach dem gegenwärtigen Stand unserer Kenntnisse. Der Kernraum ist die Argolis, nicht zu Unrecht nennt man diese Kultur die mykenische. Dem unermüdlichen Heinrich Schliemann (1822–90) danken wir die entscheidenden Entdeckungen, die Schachtgräber von Mykenä mit ihren reichen Schätzen, den Goldblecharbeiten, Gesichtsmasken, der allbekannten Löwenklinge. Diese Schachtgräber, die Schliemann selbst freilich einer späteren Zeit, der der homerischen Epen, zugeschrieben hatte, sind repräsentativ für das Frühmykenische des 16. Jahrhunderts. In ihnen vereinen sich kretische Importe mit Arbeiten kretischer und auch festländischer Meister in tastenden Ansätzen zu einheitlichem Formwillen.

Drei Elemente sind es, die der mykenischen Kultur ihr Gepräge geben. Da ist einmal der fürstliche, ja königliche Herrensitz, den zahlreiche Fundstätten bis hinauf nach Thessalien bezeugen, am schönsten und ergiebigsten in Mykene, Tiryns und Pylos auf der Peloponnes. Die Befestigungsanlagen der gefährdeten Spätzeit, deren Mauern sinnfälligster Ausdruck der für das Mykenische spezifischen Monumentalität sind, wurden zu einem wesentlichen Teil aus bodenständigen Traditionen gestaltet. Hinzu tritt als zweites kretischer Geschmack, kretische Mode, kretisches Kunsthandwerk, Kulturgut von faszinierender Ausstrahlungskraft, das sich eher durch Auswahl als durch Verwandlung adaptieren ließ. Und als drittes der Streitwagen, der mehr war als eine moderne Wunderwaffe, Anlaß und Ausdruck zugleich einer adeligritterlichen Gesinnung. Hier waren Kleinasien und die Hethiter die Lehrmeister – Fritz Schachermeyrs kühne These von einer Übernahme aus Ägypten, wo sich mykenische Ritter an der Vertreibung der Hyksos beteiligt hätten, bedarf erst der Erhärtung.

Im Verlauf der mykenischen Zeit stellte es sich immer deutlicher heraus, daß der Kultur selbst und ihren Trägern eine starke Expansionskraft innewohnte. Nicht nur daß Griechenland, was den Lebensstil betrifft, verhältnismäßig rasch ‚mykenisch' wurde, Niederlassungen oder zumindest Stationen auf Abenteurerfahrten mykenischer Herren finden sich im Raume Süditalien und Sizilien, auf Zypern ebenso wie im Südwesten Kleinasiens, von der Heerfahrt gen Troja ganz zu schweigen, von der die homerischen Epen berichten[4]. Mykenische Keramik war auch in Syrien und im südlichen Ägypten geschätzt.

Dies alles kam erst in der spätmykenischen Zeit des 14./13. Jahrhunderts zu voller Entfaltung, in der Zeit der Kuppelgräber und des Löwentors von Mykene, der Zyklopenmauern von Tiryns. Längst schon hatten die Achäer, die Gelegenheit des Niedergangs nutzend, nach Kreta übergegriffen, zuletzt zu dauernder Besiedlung, und hier offenbar eine kretische Schrift, die Linear B, für ihre Zwecke adaptiert, so daß wir nicht von einer kretischen, sondern von einer mykenischen Silbenschrift zu sprechen haben[5]. Ihre Entzifferung hat unsere Vorstellungen von der mykenischen Welt eher gefestigt als bereichert. Wir blicken jetzt, sofern wir den vorgelegten Lösungen trauen dürfen, in die Wirtschaftshöfe

[4] Als das ‚homerische' Troja gilt heute wieder (seit F. Schachermeyr, Poseidon u. d. Entstehung d. griech. Götterglaubens, 1950), wie schon Wilhelm Dörpfeld (1853—1940) annahm, der treue Helfer Schliemanns, das durch Erdbeben zerstörte Troja VI, nicht das durch Krieg vernichtete Troja VIIa, die Zeit des Kampfes rückt demgemäß auf etwa 1300 v. Chr. hinauf. Demnach war der Achäerzug erfolglos, das Trojanische Pferd (das Tier des Erderschütterers Poseidon!) mythischer Ausdruck für das Erdbeben. Diese Interpretationsmethode scheint Schule zu machen, wie etwa der neueste Versuch von Otto Höfler zeigt, der das Heer des römischen Feldherrn Varus mit dem Fafnir gleichsetzt, den Siegfried erschlug.

[5] Tontäfelchen, die nur durch den Zufall einer Brandkatastrophe

einer fest gegliederten Adelsgesellschaft, die trotz Fürstensitz und stadtartigen Burgsiedlungen agrarisch fundiert bleibt und im übrigen wenig Neigung zu großräumigen Machtbildungen zeigt. So schwierig es ist, sich von der Religiosität dieser Gesellschaft ein genaues Bild zu machen – indogermanische Elemente, die später im Griechischen aufscheinen, sind nicht zu bezweifeln, doch die Frage der Durchdringung mit Mediterranem, vor allem mit Kretischem ist ungeklärt –, eines ist gewiß: das Szenarium der griechischen Heldensage, wie sie uns aus Gustav Schwab und von unseren Schulbüchern her geläufig ist, liefert die mykenische Welt: Argonauten und Sieben gegen Theben, die Helden vor Troja, das Haus der Atriden und ihr Fluch, sie alle leben und weben in mykenischer Zeit, und selbst der dorische Held Herakles verrichtet seine zwölf Arbeiten im Dienste des Achäers Eurystheus[6].

Im gesamten genommen erhält die mykenische Welt von der modernen Forschung eine schlechte Zensur. Man ist zwar davon abgekommen, sie weiterhin mit dem Tadel der mangelnden Originalität, der unkritischen Übernahme unverarbeiteter fremder Elemente zu behaften – zu vieles hat die Erweiterung und Vertiefung unserer Kenntnisse dagegen vorgebracht –, doch dafür trägt sie nun das Odium der inneren Schwäche, gilt als wenig zukunftsträchtig, wenig zeugungsfähig, weil die folgende Periode, die erste eigentlich griechische der griechischen Geschichte, völlig neu beginnt. Indessen hätte es einer schier übermenschlichen Kraft bedurft, die Unwetter unbeschadet zu überdauern, die um 1200 über dem nördlichen Horizont heraufkamen.

erhalten bleiben konnten, fanden sich in Knossos, Pylos, Mykene. Ihr Inhalt beschränkt sich auf Verwaltungstechnisches, ist verhältnismäßig wenig ergiebig. Vgl. oben, S. 2 Anm. 1.

[6] Man wird unwillkürlich an die deutsche Heldensage erinnert, die den Hauptteil ihrer Stoffe den im Dunkel der Geschichte verschwundenen Ostgermanen verdankt.

DIE GROSSE WANDERUNG UND IHRE FOLGEN

Im 13. Jahrhundert vor unserer Ära entstand im Herzen Mitteleuropas ein gewaltiger Bevölkerungsüberdruck, wohl aus einem Zusammenwirken von Klimaverschiebung und Übervölkerung. Die Illyrer, die Thraker gerieten in Bewegung und rückten in ihre historischen Räume ein. Der Druck pflanzte sich fort, andere Stämme wurden aufgestört und verließen ihre Sitze, Splitter der Ankömmlinge mit sich reißend, neue auf ihrem Wege aufnehmend. Die Menschenlawine stieß mit unaufhaltsamer Gewalt nach Süden: nach Südwesten, wo die ersten Italiker in Italien eindrangen, nach Griechenland, wo bereits um 1250 mykenische Burgen brannten, nach Südosten, wo etwas später das Hethiterreich in Kleinasien zusammenbrach, jahrhundertelang der Schrecken des Vorderen Orients, und mit ihm sein Eisenmonopol. Erst in ihrem Auslaufen war sie unter Kontrolle zu halten: um 1220 gebot Pharao den Völkern ‚von den Ländern des Meeres' an der libysch-ägyptischen Grenze ein erstes Halt.

Neuere Forschung hat bestätigt, was wir aus den Königsinschriften der Ramessiden seit langem wußten: daß die Bewegungen in zwei Hauptstößen erfolgten, der eine im 13. Jahrhundert, der andere erst im zwölften, und daß die Wandernden zu einem guten Teil den Weg zur See wählten. Als nach einem turbulenten Jahrhundert Ruhe einkehrte, tauchten hie und da neue Namen auf, so die Philister im Lande Palästina, dem sie ihren Namen gaben, die Phryger im Inneren Kleinasiens. Da es im übrigen nun an einer dominierenden Großmacht des Vorderen Orients fehlte, war bald die Stunde der Kleinen gekommen, des Reiches David in Israel, der Phöniker und Etrusker, die sich nach Westen wandten.

Die mykenische Kultur hat den Völkersturm nicht überlebt, ihre Träger dagegen wußten sich zu behaupten, ein erstaunlicher Vorgang, geradezu eine Umkehrung dessen, was uns aus der Geschichte Mesopotamiens vertraut ist. Nach dem ersten Schock von 1250 sehen wir Spuren sorgenvoller Verstärkung der Befestigungsanlagen; doch es nützte wenig, denn Hellas war nicht nur Ziel der Wanderungen, sondern auch Durchzugsland. Die schließlich blieben, waren nahe Verwandte der Achäer, Nordwestgriechen und die ‚speerkämpfenden' Dorier, die in Mittelgriechenland und auf der Peloponnes Fuß faßten. Entscheidend war, daß diese Dorier die Landschaft Argolis besetzten und damit die Kräfte der mykenischen Kultur vom Zentrum her lähmten.

Die Achäer selbst taten das Menschenmögliche. Arkadien und vor allem Attika blieben von den Völkerstürmen verschont, in anderen Gebieten, wie etwa in Böotien, suchte man sich mit den Neuankömmlingen zu arrangieren, so gut es eben ging. Vor allem aber hielt man sich an das nächstliegende Beispiel, das schon durch die spätmykenische Zeit vorgegeben war und jetzt natürlich erst recht Schule machte: man schritt zu neuer Ausbreitung und Landnahme. Die Bewegung folgte diesmal, von wenigen Ausnahmen, wie etwa der Neubesiedlung Zyperns, abgesehen, streng der östlichen Richtung. Von Thessalien her wurde der Norden, von Attika her die Mitte der anatolischen Westküste erreicht, und auch die Dorier griffen über die Inselbrücke im Süden und Kreta nach dem anderen Festland. Dieser Vorgang, der etwa um die Jahrtausendwende kulminiert – wir nennen ihn die Erste Kolonisation – machte aus der Ägäis ein griechisches Binnenmeer, nur der Nordrand blieb noch unberührt. Damit ist der Schauplatz da, auf dem sich später die großen Gestaltungen der griechischen Geschichte vollziehen sollten.

Die drei Jahrhunderte von 1100 bis 800 v. Chr. nennt man gern die dunklen, weil man die präzisen Fakten vermißt, weil man nicht erfahren kann, was geschehen ist, und so darauf angewiesen bleibt, aus Späterem zu erschließen, was geschehen sein muß. Im ganzen genommen wird man dieses Dunkel, das dem des mittleren Helladikums gleicht, nicht als bedrohlich, sondern als wohltuend empfinden. Die griechische Welt blieb in ihren Anfängen, von außen nicht gefährdet, sich selbst überlassen. Die Trümmer der – zur Zeit des letzten, entscheidenden Völkersturms bereits geschwächten – mykenischen Kultur faszinierten die Menschen, die in ihnen und neben ihnen lebten, nicht mehr. So war es den Griechen vergönnt, sich geruhsam neu einzurichten.

Den Neubeginn hat uns vor allem die Archäologie sehen gelehrt: besonders die Keramik des Geometrischen Stils, der diese Jahrhunderte beherrscht, zeigt mit ihrem technischen Rückschritt, mit ihrem sich vorwärtstastenden spezifischen Sinn für Maß und Zucht in Formensprache und Dekor das Neue mit aller nur wünschenswerten Deutlichkeit. Neu ist auch die Völkerkarte Griechenlands, im Mutterland mit einer etwas unübersichtlichen Gemengelage der alten und der hinzugetretenen Elemente, die sich zum Teil überschichten, klar ausgeprägt dagegen im anatolischen Kolonialland, das, wie Kolonialgebiete sonst auch, auf Jahrhunderte hin in manchen Bereichen führend ist und auf das Mutterland zurückwirkt: schon die Alten wußten von den drei Stämmen, den Äolern und Ionern als Erben der alten Achäer, und den Doriern, die später kamen, Stämmen freilich, die sich kaum je in politischen Gestaltungen manifestierten. Sie schieden sich durch die Sprache, die Dialekte, die die spätere klassische Literatur nicht zu Mundarten neben einer Hochsprache degradierte, sondern, wenn auch mit konvergierenden Veränderungen, für bestimmte literarische Gattungen kanonisierte[7].

[7] Die Verständigungsschwierigkeiten der Griechen waren keines-

Sie schieden sich auch durch Charaktereigenschaften – hier die bewegliche, geistig rege, fortschrittliche ionisch-attische Art, dort die bedachtsam konservative, bäurische der Dorier –, durch sakrale Gemeinsamkeiten, doch mehr nicht: selbst der bekannte Ionische Bund ist seinem Wesen nach Kultgemeinschaft, Amphiktyonie.

Für den Historiker ist aber damit die Frage nach der Kontinuität noch nicht in negativem Sinne gelöst. Er hat darauf zu verweisen, daß für die Griechen selbst, denen sich die vagen Erinnerungen an große Ereignisse der fernen mykenischen Welt zur Sage verdichteten, eben diese Sage Geschichte war. Er wird außerdem betonen, daß nach der Auflösung des Wanderungsverbandes, in dem die Wehrgemeinde mit Mann und Roß und Wagen und der König oder Herzog (*tâgos*) mit den Funktionen des obersten Priesters, Richters und Feldherrn die bestimmenden Elemente bildeten, nachdem auch die Zeit die Gleichheit der Lose (*klêroi*) bei der Landnahme verwischt und Besitzunterschiede ausgeprägt hatte, die Gesellschaft nach wie vor durch das aristokratisch-ritterliche Element bestimmt war. Mit anderen Worten, es besteht eine tiefe innere Wesensverwandtschaft zwischen Inhalt und Entstehung der Epen, zwischen den bronzezeitlichen Helden vor Troja oder Theben und den Fürsten und Herren der Eisenzeit, die dem Vortrag der Rhapsoden lauschten.

Und endlich erhält die spätere griechische Geschichte ihre Dynamik nicht aus einer Erbfeindschaft zwischen Doriern und Achäern, mag dies auch jene tiefere anthropologische Schau, die uns Thukydides gelehrt hat, für gewisse Zeiten nahelegen. Bestimmend für das Spiel der Kräfte wurde die griechische Polis, der meist um den Burgberg, den Sitz der Stadtgottheit, zentrierte Stadtstaat mit seinen überschaubaren Grenzen und seiner jederzeit berufbaren Bürgergemeinde, die

falls größer als etwa zwischen Waterkant und Oberbayern, zwischen den Mundarten der Bretonen und der Provençalen.

in ihren Versammlungen (*ekklesíai*) jene unabdingbare Selbständigkeit der Entscheidung wahrte, die ein Modewort des fünften Jahrhunderts als Autonomie bezeichnete. Wenn manche Gebiete des griechischen Mutterlandes, vor allem im Westen, Nordwesten und Norden, in der im Grunde überständigen Ordnung rustikaler Kleinstämme verharrten und verspätet hin und wieder mit konservierter Kraft ihre gefährlichen Vorstöße unternahmen, so waren es doch im Grunde die Poleis, die die griechische Geschichte machten. Sie aber fußten im gesamten Ägäisraum, an seinem europäischen Ufer ebenso wie an seinem asiatischen, auf älteren, zum Teil wesentlich älteren Formen.

Auch bei diesen Vorgängen darf man die Rolle des Adels nicht unterschätzen, der einige erstaunliche Leistungen vollbrachte. Die eine ist, daß es ihm – anders als es uns aus Rom berichtet wird – offenbar gelang, das Königtum auf evolutionärem Wege zu beseitigen. Der König wurde sozusagen ‚verbeamtet', in Athen z. B. allmählich zu einem Jahresamt mit rein sakralen Funktionen eingeengt, im besten Falle, wie bei der spartanischen Doppelmonarchie, zu einem zwar erblichen und lebenslänglichen, aber doch weisungsgebundenen Generalissimus. Die zweite ist, daß es der Adel verstand – und zwar aufgrund seiner besseren Möglichkeiten besser als der einfache Bauer – die Funktionen des Politen mit den Verpflichtungen des Grundherrn zu verbinden, so daß das aristokratische Element in den Poleis zunächst bestimmend war.

Ein weiteres ist noch zu seinem Ruhme zu sagen: Adelsethik, ritterliche Art sind zu allen Zeiten frei von nationalistischer Enge. Der Adelsgesellschaft jener Zeit ist es letztlich zu danken, daß die griechische Geschichte nicht von vornherein im dumpfen Geist kantonaler Beschränktheit erstickte. Wenn Herodot sagt, Homer und Hesiod hätten den Griechen die Götter geschenkt, und zwar die olympischen, ihnen allen zu gemeinsamem Besitz, so gilt nicht minder, daß die Adelszeit den Griechen ihren Homer geschenkt hat, das beste und lange Zeit das einzige Buch ihrer Erziehung. Und ebenso müssen wir ihr jene gesamtgriechische Konzeption zuschreiben, die bald zu den Olympischen Spielen (ihren Anfang setzten die Griechen in das Jahr 776 v. Chr.) und den anderen großen Nationalspielen, zu Delphi, auf dem Isthmos, in Nemea, führten, bei denen sich im Agon das ritterliche Ethos als Ferment des Griechischen bis in späte Zeiten zu erhalten und ständig zu erneuern wußte.

DIE JAHRHUNDERTE DER ENTFALTUNG

Die Historiker sind sich unschlüssig, wie sie die vielfältigen Erscheinungen der Zeit von 800 bis 500 v. Chr. unter einem Namen zusammenfassen sollen. Zumeist machen sie abermals eine Anleihe bei der Archäologie und sprechen von der archaischen Zeit, oder aber sie nehmen, was ebenfalls unbefriedigend ist, einen Teil für das Ganze und reden vom Zeitalter der griechischen Kolonisation. Gewiß ist, daß sich in dieser Epoche neue Kräfte in einer Üppigkeit regen, die es dem Betrachter schwer macht, den sich überschneidenden Linien zu folgen[1].

Zunächst hat der Geschichtsschreiber hier die erste Großtat hellenischen Geistes zu verzeichnen. Seit der Mitte des achten Jahrhunderts belegt, doch offenbar schon einige Generationen früher erfunden, ist die griechische Schrift das erste voll befriedigende System der Aufzeichnung des gesprochenen Worts. Zur alten mykenischen Silbenschrift, die längst vergessen war, hat sie keinen Bezug, sie ist aus der phönikischen Konsonantenschrift entwickelt – etwa gleichzeitig erscheinen auch orientalische, offenbar durch die Phöniker vermittelte Motive in der Kunst, so daß wir von einer kurzen Zwischenepoche des orientalisierenden Stils sprechen – und hat vor allem durch die Einführung der Vokalzeichen die übernommenen Formen zu einem für die griechische Sprache geeigneten Instrument umgewandelt.

[1] Hier ist wie überall die anregende Strukturanalyse bei Fritz Schachermeyr (Griech. Geschichte, 2. Aufl. Stuttgart 1969, v. a. S. 94, 109) von Wert, der (im Sinne Toynbees) vom Verhaltenheitsstadium der ‚geometrischen' Ära und der darauffolgenden Zeit des großen dynamischen Aufbruchs spricht.

Für uns ist diese Schrift zunächst nicht durch ihren urkundlichen Niederschlag bedeutsam – Inschriften vorklassischer Zeit sind spärlich gesät und historisch wenig ergiebig –, sondern dadurch, daß sie schon im achten Jahrhundert zur Aufzeichnung der in mündlicher Tradition ausgestalteten Epen verwandt wurde, durch den Dichter Homer, wie die Griechen sagten[2], dessen Werke, in ihrer Wirkung dem Alten Testament vergleichbar, eine Nation, ihre Religion und ihr Ethos mitgestalten halfen.

Doch dieses große Vermächtnis der Adelszeit mutet beinahe wie ein Testament an, es steht fast am Ende. Ein oder zwei Generationen später, um 700, übt Hesiod, die erste uns faßbare Dichterpersönlichkeit des Abendlands, der Bauer aus dem böotischen Askra, scharfe, noch ohnmächtige Kritik an der Adelsgesellschaft, aber bald ist die Zeit reif.

Ursache und Folge sind bei den einzelnen Erscheinungen, die meist in Wechselwirkung standen, nicht immer klar zu scheiden. Gewiß hat die Bevölkerungszunahme das Kräfteverhältnis zwischen der Adelsklasse und den ihr untertanen Elementen zugunsten der letzteren verschoben und außerdem die Gegensätze in den zahllosen kleinen Poleis verschärft. Hinzu trat, daß man es lernte, Eisenwaffen billiger und besser zu produzieren, so daß man eine neue Taktik entwickeln konnte, in der die Hoplitenphalanx den Ausschlag gab, die mit der geballten Masse ihrer Fußsoldaten den Gegner vom Kampfplatz drängte: der adelige Streitwagenkämpfer, der seine Rosse auf dem Blachfeld tummelt, hatte seine Rolle als kriegsentscheidende Waffe ausgespielt[3]. So war

[2] Zur Homerischen Frage, die seit F. A. Wolf (1759–1824), Prolegomena ad Homerum, 1795, ja seit dem Altertum die Gemüter erhitzt, vgl. den instruktiven Überblick bei Albin Lesky, Gesch. der griech. Literatur, 3. Aufl. Bern 1971.

[3] Im ersten Messenischen Krieg, den man gemeinhin in die Zeit von 740–720 setzt, hatten die Spartaner die Gebirgsscheide des

es nicht zu vermeiden, daß gleichsam im Rückgriff auf die Wehrgemeinde der Wanderungszeit einer breiteren Schicht, eben jenen, die nun die Hoplitenrüstung aus eigenem Vermögen beschaffen konnten, politische Rechte zugestanden werden mußten. Untrügliches Zeichen für diese Entwicklung ist, daß seit dem siebenten Jahrhundert allenthalben, nicht nur in Athen, wo wir von Drakons Wirken wissen, das Verlangen nach Rechtskodifikation, das heißt nach Sicherung gegen Willkürakte des grundbesitzenden und politisch maßgeblichen Adels, laut wurde.

Damit war der Weg zu einer allmählichen Demokratisierung des griechischen Stadtstaates frei. Doch dieser Weg war nicht so einfach zu beschreiten, denn jene, die sich jetzt einen Zugriff auf die Macht, einen stärkeren politischen Einfluß gestatten konnten, waren alles andere als in der Handhabung der Macht versiert. Und so bedurfte es denn des Technikers der Politik, des Gewaltherrschers, den die Griechen mit einem Fremdwort als Tyrannen bezeichneten. Es ist leicht zu verstehen, daß die Tyrannen, die regelmäßig eben jener Adelsschicht entstammten, deren Vormacht sie brachen, ihre durch die Leibwache sinnfällig unterstrichene Stellung zumindest mit stillschweigender Duldung des Volkes errangen und in ihren Maßnahmen die Interessen des kleinen Mannes nach Kräften zu fördern suchten.

Die Griechen späterer Zeit haben sich in einen regelrechten Tyrannenkomplex hineingesteigert. Während alte volkstümliche Überlieferungen den einen oder anderen dieser Männer zu den Sieben Weisen zählten, denen sie treffsichere Aussprüche und Lebensweisheiten zuzuschreiben wußten, wurde in Philosophenzirkeln und Schulstuben der Tyrann zum gewalttätigen Monstrum schlechthin gestempelt. Wir sehen da heute genauer zu und unterscheiden schärfer. Die einzelnen

Taygetos zu überwinden, die sich nur auf einem Saumpfad überschreiten ließ.

Erscheinungsformen sind, wie immer, vielfältig, doch sicher ist, daß um das Jahr 600 die Tyrannis eine gemeingriechische Erscheinung war. Namen wie Thrasybul von Milet, Pittakos von Mytilene auf Lesbos, Periander von Korinth, der zu den ältesten zählt, Kleisthenes von Sikyon und der – nun tatsächlich abscheuliche – Phalaris von Akragas auf Sizilien beweisen dies zur Genüge. Angesichts der systematisch durchgestalteten Machtausübung dieser Herrscher kann man hier zum erstenmal von einer Außenpolitik sprechen, die merkbar expansive und auch, wie in Monarchien immer, dynastische Züge trägt, von einer Sozial- und Wirtschaftspolitik – seit der Mitte des siebenten Jahrhunderts kennt Griechenland die in Kleinasien erfundene Münze, deren Einführung die Überlieferung mit dem Namen des Vorläufers der Tyrannen, des Königs Pheidon von Argos, verbindet –, die auf Sicherung der kleinbäuerlichen und kleinbürgerlichen Existenzen abzielte, ja auch von einer Kulturpolitik, deren schönstes und bedeutungsvollstes Ergebnis die Einführung zweier Feste durch Peisistratos von Athen ist, der Panathenäen und des Großen Dionysosfestes, aus dem sich das attische Theater entfaltete.

Indessen unterlag das Institut der Tyrannis einer starken Abnutzung. Der Adelsopposition, die ständig das Mißfallen schürte, gelang es daher in der Regel nach einer oder zwei Generationen, den Tyrannen zu stürzen. Wenn auch in Randgebieten, die unter äußerem Druck standen, wie in Sizilien, auf Samos und in Kleinasien, der Erfolg der Gegenbewegung nicht durchschlagend war, so galt doch bald im Mutterland und sonst in der Welt der Tyrannenmord als patriotische Tat, die Mörder wurden heroisiert. In Griechenland selbst hatte die monarchische Staatsform auf mehr als zwei Jahrhunderte hin ausgespielt, die innere Dynamik der griechischen Polis bewegte sich fortan zwischen der Herrschaft der Wenigen und der der Vielen, zwischen Aristokratie (und Oligarchie) und Demokratie.

Nähere, einigermaßen zusammenhängende Nachrichten über die Jahrhunderte von 800 bis 500 v. Chr. besitzen wir indes nur aus Athen und Sparta, und ausgerechnet diese beiden Staaten nehmen, wie wir heute sehen, in der griechischen Entwicklung eine Sonderstellung ein.

Die spartanische Ordnung, den ‚Kosmos', hat die antike Überlieferung mit eindeutiger Entschiedenheit der halbmythischen Gestalt des Gesetzgebers Lykurg zugeschrieben. Sie stellt damit die moderne Forschung vor die schier unlösbare Aufgabe, das knappe Material aufzufalten und einen in Wahrheit etwa drei Jahrhunderte währenden Prozeß in seiner Abfolge wiederherzustellen. Die Ergebnisse dieses Bemühens sind alles andere als gesichert, sie lassen verschiedenen Ausdeutungen Spielraum[4]. Jedenfalls trafen die dorischen Einwanderer in der lakonischen Landschaft besondere Bedingungen an. Ihre schwachen Kräfte hatten Generationen lang zu tun, um den achäischen Widerstand in der Burg Amyklai zu überwinden. So waren sie genötigt, den Zustand steter Wehrbereitschaft aufrecht zu erhalten, der für den verwundbaren Organismus des wandernden Stammes selbstverständlich ist. Als Amyklai schließlich bezwungen war, um 800 v. Chr., konnten sich die Spartiaten als Grundherren in fünf Dörfern etablieren, die zusammen das – nicht ummauerte – Sparta bildeten, während andere Dorier, die ‚in der Umgegend wohnten', die Periöken, zwar wehrpflichtig, doch ohne politische Rechte blieben. Dem starken vordorischen Element gegenüber wußte man sich nur durch einen rigorosen Herrenstandpunkt zu behaupten: es wurde auf den Status einer kollektiven Hörigkeit herabgedrückt, die es

[4] So pendelt z. B. der zeitliche Ansatz des Hauptstücks der spartanischen Verfassung, der angeblich vom Orakel in Delphi gegebenen oder zumindest sanktionierten ‚Großen Rhethra' (überliefert bei Plutarch, Lykurg 6) in der wissenschaftlichen Literatur zwischen dem Ende des 9. und dem Ende des 7. Jahrhunderts.

schließlich gestattete, dieses Element, die Heiloten, nach Bedarf zu dezimieren, wenn es darauf ankam.

Diese Beanspruchung ließ den Herren des Eurotastals wenig Zeit, sich in der Welt umzusehen. Sie konservierten die politischen Einrichtungen der Wanderungszeit stärker als andere griechische Gaue, hielten als einzige unter allen Griechen an den militärischen Befugnissen des alten Herzogs- und Königsamtes fest, das in den beiden Dynastien der Agiaden und Eurypontiden bis ins dritte Jahrhundert als erbliches Doppelkönigtum verblieb, wahrten auch die Entscheidungsbefugnis der Wehrversammlung, der Apella, und bereicherten endlich ihre Institutionen durch einen Rat der Alten, die Gerusia. Irgendwann, vermutlich im achten Jahrhundert, wurde die Verfassung zusammengefaßt und in ein System gebracht, und zwar in Verbindung mit einer Neugliederung der Bürgerschaft, die die alte Stammesgliederung der drei Phylen beiseiteschob und eine neue, territoriale (entsprechend der Fünfzahl der Dörfer Spartas in fünf Obaí) schuf. Erst später spielte sich die ursprünglich sakrale Behörde der fünf Ephoren in den Vordergrund, eine offenbar ‚demokratische' Institution, alljährlich neu gewählt, die schließlich, ebenso allmächtige wie gefürchtete Podestà, die gesamte Polizei- und Regierungsgewalt in die Hand bekamen.

Noch in einer weiteren lebenswichtigen Frage gingen die Spartaner mit der gemeingriechischen Entwicklung nicht konform. Als sich ihnen im achten Jahrhundert wie den anderen Griechen das Problem der Übervölkerung stellte, waren sie nicht willens oder nicht in der Lage, sich zu beteiligen, als die ersten Schiffe der großen Kolonisationsbewegung über die Meere fuhren. Sie faßten – es ist, als hätten sich ihnen durch den Jahrhunderte dauernden Kampf um Amyklai die Proportionen verschoben – den folgenschweren Entschluß, das schier unüberwindliche Gebirge im Westen zu übersteigen und das angrenzende, doch scharf abgetrennte Becken der messenischen Landschaft in ihre Gewalt zu bringen. Das kühne

Unternehmen, der erste Messenische Krieg am Ende des achten Jahrhunderts, gelang: der Adel wurde vertrieben, über das Meer gejagt, der Rest der Bevölkerung, zum Teil ebenfalls dorische Einwanderer, unterjocht, heilotisiert; die Spartiaten hatten neuen Grund und Boden, um von der Rente und für den Krieg leben zu können.

Dieses gewalttätige Verfahren schien den Siegern eine neue Blüte zu verheißen. Dichtung und Musik fanden in Sparta eine Heimstatt, seine jungen Leute dominierten in den Siegerlisten der Olympischen Spiele, ja auch an der gemeingriechischen Kolonisation beteiligte man sich jetzt, nur ein einziges Mal freilich, doch mit der Gründung einer der bedeutendsten aller Pflanzstädte, Tarent in Unteritalien (um 700 v. Chr.).

Sollte sich nun in diesem Land der Gegensätze eine unbeschwert heitere Adelskultur voll entfalten können? Nur zu bald zeigte es sich, daß das große Abenteuer der Besetzung Messeniens seine Folgen hatte, es zeitigte eine Erbfeindschaft, die die spartanische Geschichte überdauerte. Um die Mitte des siebenten Jahrhunderts erhoben sich die Unterjochten und nötigten ihren Zwingherren einen langwierigen Krieg auf, der den letzten Einsatz forderte[5]. Das neu erworbene Land entglitt den Spartiaten für längere Zeit, die Kämpfe verursachten Verluste, so daß sich die spartanische Kriegerkaste, die sich in ihrer Existenz bedroht sah, zur letzten Durchgestaltung ihres Systems, zur höchsten Steigerung ihrer soldatischen Qualitäten genötigt fühlte. Im sechsten Jahrhundert stirbt die kulturelle Blüte ab, Sparta kapselt sich ein, man

[5] Das spartanische Ethos findet seine Verklärung in den Liedern des Tyrtaios. Man sollte indes diesen Dichter nicht zu wörtlich nehmen, wenn es gilt, den Übergang zur Hoplitentaktik näher zu bestimmen. Wenn Tyrtaios im 7. Jh. von den ‚Vorkämpfern', den *prómachoi*, spricht, bedeutet dies wohl kaum mehr als etwa die Traditionsbezeichnung ‚Grenadiere' für die Taktik des 19. und 20. Jhs.

treibt die Fremden aus, kontrolliert Reisen ins Ausland, bricht wirtschaftliche Kontakte ab. Zwar gewinnt Sparta Messenien wieder und dazu den Ruhm der Unbesieglichkeit, der ihm in der zweiten Hälfte des Jahrhunderts anstelle der dauernden Kämpfe mit den Grenznachbarn die unumstrittene Führerschaft im größten Teil der Halbinsel, den Peloponnesischen Bund einbringt, aber der Erfolg ist teuer erkauft.

In der Zeit des zweiten Messenischen Krieges hat vermutlich auch das eigentliche Fundament des spartanischen Staates seine entscheidende Ausgestaltung erfahren, die *agogé*, die Erziehung und Lebenshaltung seiner Kriegerkaste. Der Perfektionismus dieses Systems, das zu allen Zeiten Bewunderer gefunden hat, gipfelt in der absoluten Unterstellung des Einzelnen, seiner Persönlichkeit und seines natürlichen Strebens nach einer privaten Sphäre unter die alles beherrschende Staatsidee.

Beim Rückzug der *Grande Armée* wurde im November 1812 zwischen Dnjepr und Beresina die *escadron sacré* gebildet, eine Truppe, die lediglich aus Offizieren bestand. Was hier die Not des Augenblicks zu kurzem Leben erweckte, war in Sparta mit dem Übergang zur Hoplitentaktik der Dauerzustand: der Adelige nimmt den Platz des gemeinen Mannes im Glied ein, damit die spartanische Phalanx zu einem Elitekorps von unvergleichlicher Qualität werde, dem niemand Widerpart bieten kann. Und in der Tat, rund dreihundert Jahre lang nahm Griechenland die Überlegenheit der spartanischen Phalanx ohne Widerspruch als Tatsache hin.

Eine von zahlreichen Anekdoten ausgeschmückte Überlieferung zeigt uns, wie der Spartiate durch Kasernierung, Gemeinschaftserziehung seit seinem siebenten Lebensjahr und durch die gemeinsamen Mahlzeiten der Krieger seinem Daseinszweck angepaßt wurde, wie in der Männergemeinschaft der ‚Gleichen', wie sie sich nannten – im Grunde ist es eine Gleichheit vor dem Feind –, in dem Dreieck Kaserne, Kasino, Schlachtfeld sich sein Denken, seine sittliche Ordnung und auch sein Gefühlsleben bewegte. Perfektion duldet keine Veränderung und keine Verbesserung. Und so legt sich bald der Mantel der Erstarrung über dieses System, das lieber untergeht als sich erneuert[6].

Der bestimmende Eindruck, den die spartanische Geschichte vermittelt, ist der einer ehernen Konsequenz. Dieselbe konsequente Haltung – sie ist hier wie dort letztlich wohl nur Ausdruck der starken Spannungen und Pressionen, unter denen die geschichtliche Existenz der griechischen Staaten stand – offenbart dem Betrachter, der das Ganze ins Auge faßt, auch das Schicksal Athens, nur daß sie sich nicht in einem Innehalten, sondern in einem bis zuletzt unaufhaltsamen Durchbilden und Ausformen aller Möglichkeiten manifestiert, die die Geschichte den Bewohnern Attikas bot. Noch ein weiteres haben die beiden Gegenpole Sparta und Athen gemeinsam, wir sagten es schon: sie sind für die griechische Entwicklung keineswegs typisch. Das Besondere der athenischen Entwicklung wurde durch eine folgenschwere Leistung seines Adels eingeleitet, dem es, vermutlich im achten Jahrhundert, allmählich gelang, das gesamte Attika in einem Staat zusammenzufassen[7].

Dies mag mit dazu beigetragen haben, daß die Zeit zu-

[6] Es ist kennzeichnend, daß sich die Krisen des spartanischen Staates keineswegs aus einem inneren Widerstand gegen Lebenshaltung und Erziehung ergaben, sondern aus einem durchaus ‚normalen' sozialen Problem: dem durch Erbgang, Erbteilung usw. geförderten Rückgang der Zahl jener grundbesitzenden Spartiaten, die von den Erträgnissen ihrer Güter die erheblichen Kosten ihrer wirtschaftlich unproduktiven Lebensweise bestreiten konnten.

[7] Die antike Überlieferung schreibt diesen Synoikismos dem mythischen König Theseus zu. Attika mit seinen mehr als 2500 Quadratkilometern übertraf damit alle anderen Poleis mit Ausnahme Spartas, so etwa von den mutterländischen ‚Groß'-staaten Argos um mehr als das Doppelte, Korinth um mehr als das Dreifache.

nächst geruhsam dahinlief. Athen ist in archaischer Zeit ein Spätling unter den griechischen Poleis. Dem herrschenden Adel gelang es, das alte Königtum organisch umzugestalten, es auf ein sakrales Jahresamt zu beschränken, das mit dem eigentlichen Oberbeamten, dem Archon, dem Kriegsobersten (Polemarch) und den sechs Oberrichtern (Thesmotheten) das Kollegium der neun Archonten bildete, das ebenso fest in der Hand der Aristokratie war wie der auf dem Areshügel tagende ‚Senat', der Areiopag. Das Adelsregiment blieb agrarisch-konservativ, es zeigte Feudalisierungstendenzen in der Förderung einer Grundhörigkeit, die erst die solonische Reform für alle Zeiten aufhob. Es gelang ihm nicht einmal, die Insel Salamis zu gewinnen, während die nahen, aufblühenden Handelsstädte Ägina, Megara und Korinth Wirtschaft und Seegeltung entfalteten. Die Teilnahme an der großen Kolonisation ist kaum der Rede wert (Sigeion, unweit des alten Troja), Architekturstile und Zeitgeschmack in der Vasenmalerei (Korinthischer Stil um 600), Plastik, Lyrik und Philosophie wurden anderswo in griechischen Landen entwickelt, nicht in Athen. Der ‚moderne' Versuch des Kylon, nach seinem Sieg in Olympia (632?) eine Tyrannis zu errichten, schlug fehl.

Erstes Anzeichen eines Schritthaltens sehen wir in der sicher bezeugten, doch in ihren Einzelheiten wenig bekannten Rechtskodifikation, die die Überlieferung mit dem Namen des Drakon verbindet (um 624). Mag sie auch ganz im Sinne des Adels gehalten gewesen sein, die bloße Tatsache, daß man das Recht aufzeichnete, zeigt, daß sich neue Kräfte regten.

Doch dann ist es bald endgültig damit vorbei, daß Attika anmutet, als läge es im Nordwesten der Balkanhalbinsel. Der Name Solon taucht auf. Mit ihm beginnt recht eigentlich die Geschichte Athens – und zugleich auch seine Literatur. Man hat an der Leistung dieses Mannes, von dessen Leben wir so herzlich wenig wissen, herumgemäkelt – zu Unrecht!

Seine Größe erweist sich allein schon darin, daß er die Bedeutung der Erziehung der Bürger im Sinne des Gemeinwesens klar erkannte, und zwar in der damals einzig möglichen Form, der Poesie. Seine Elegien sprechen für das Recht, für die alte Wahrheit, daß sich das Wohl des Einzelnen nur im Wohl der Gesamtheit verwirklichen läßt, und demgemäß hat er auch gehandelt. Wort und Werk sind bei diesem Manne eins. Das Werk allerdings, das er, 594 zum Archon mit außerordentlichen Vollmachten gewählt, zu schaffen vermochte, ist schwer zu überschauen. Seinen Ehrentitel ‚der Versöhner' (*diallaktés*) trägt er zu recht, denn der kluge Kompromiß, der Ausgleich kennzeichnen ihn, nicht nur im Sozialen, wo er die bestehenden Spannungen zwar durch Abschaffung der Hörigkeit und durch Tilgung der mit personaler Haftung und drohender Sklaverei verbundenen Grundschuld milderte, nicht aber mit Erfüllung der radikalen Forderung nach völliger Neuverteilung des Bodens beseitigte, sondern auch durch den Versuch, mit einem Hinweis auf das ungelöste Problem Salamis das rechte Maß zwischen außen- und innenpolitischen Fragen herzustellen. Seine Reform von Münze und Aichung (die Einzelheiten sind hier umstritten) und erst recht seine Verfassung sind auf Profilierung der Eigenständigkeit im Rahmen der griechischen Welt bedacht.

Die solonischen Verfassungsgesetze – von der weit in die Zukunft wirkenden Neuordnung des Rechts, die von der Arbeit Drakons nur einen geringen Teil, die sogenannten Mordgesetze, bestehen ließ, ist hier nicht zu reden – bedeuten im Grunde die sorgfältig durch Kautelen abgesicherte Konstituierung eines souveränen Volkes. Gewiß, die Bevölkerung ist in vier ‚Klassen' geordnet, nach dem Grundertrag von 500, 300, 200 attischen Scheffeln Getreide[8] und darunter,

[8] Diese Werte konnten nach festen Verhältniszahlen in Flüssigkeitsmaße (für Wein oder Öl) und bald auch in Geld umgerechnet werden.

wobei der ersten die höchsten Staatsämter, den nächsten beiden, den Reitern und den Hopliten, die Hauptlast der Verteidigung vorbehalten ist, aber dies bedeutet, anders als etwa später in Rom, noch kein Klassenwahlrecht: bei den Beamtenwahlen in der Volksversammlung wogen die Stimmen gleich. Hier waren auch die kleinen Leute zugelassen, die unter dem Zensus blieben – man nannte sie Theten; sie hatten auch Zutritt zu den Geschworenengerichten, sowie zu der neuen Institution des Rates der 400, der in den vier Stammesphylen jährlich durch das Los bestimmt wurde, offenbar als Konkurrenz zum Adelsrat auf dem Areiopag.

Man nennt die solonische Ordnung gern timokratisch, weil sie die politischen Gewichte nach dem Zensus verteilte. Doch diese Kennzeichnung ist vordergründig. Solons Werk bedeutet den Versuch eines Ausgleichs zwischen zwei Grundgedanken: der eine ist, daß der Bestand des Gemeinwesens nur garantiert werden kann durch die volle Wehrfähigkeit der Bürger, die ihrerseits wieder von der Möglichkeit abhängt, die Kosten für die Hoplitenausrüstung zu bestreiten (weshalb das passive Wahlrecht auf die ersten drei Klassen beschränkt blieb), der andere Gedanke ist der einer Gleichheit, die damals noch keineswegs philosophischen Spekulationen unterlag, sondern sich aus dem Begriff der *díke*, der Gerechtigkeit, ergab; Isonomie bedeutet ebenso Gleichheit vor dem Gesetz wie gleiche politische Rechte.

Manche Einzelheit ließe sich noch von diesem Gesetzeswerk berichten, das keineswegs systematisch geordnet, doch schriftlich fixiert und öffentlich zugänglich gemacht war, so etwa die erstaunliche Bestimmung, daß jeder Bürger an innerem Hader und Revolution teilzunehmen habe – ein Versuch, die bedachtsamen, ausgleichenden Elemente zu engagieren – oder das Verbot jeglicher Agrarausfuhr mit Ausnahme von Öl, das in Attika stets Qualitätserzeugnis war (und demzufolge auch von Keramik), wodurch die aufblühende Wirtschaft in feste Bahnen gewiesen wurde. Dies alles zeigt immer wieder

Solon als den Erzieher seines Volkes, der die Chance wahrnahm, in einer tyrannenfreien Zone den Anschluß an die Zeit zu finden.

Solon selbst war sich des Erfolgs seiner guten Sache durchaus nicht gewiß, als er hinter sein Werk zurücktrat und sich auf Reisen begab. Sein Leben hat zweifellos in Enttäuschung und Verbitterung geendet, denn er mußte zusehen, wie sich die mündig Gemachten wie Unmündige erneut zerstritten, wie sich jetzt, den veränderten Gegebenheiten gemäß, energische Männer des Adels zu Führern großer Parteien aufschwangen, die zwar in den alten regionalen Bindungen verharrten, doch durchaus gegenwartsnah handfeste wirtschaftliche Interessen vertraten.

Peisistratos aus Brauron, der an der Spitze der radikalen Kleinbauern aus dem Landesinneren stand, war in Attika und in Thrakien reich begütert. Er nahm, durch militärische Erfolge populär geworden, die Gelegenheit zu einem Staatsstreich wahr, indem er das Volk mit dem Ansinnen überrumpelte, ihm eine Leibwache zu genehmigen – wenn wir der Überlieferung trauen dürfen, hat Solon auch dies noch erlebt –, und gebot, ein Spätling unter den Tyrannen, ein Menschenalter lang von der Akropolis herab über Athen.

Ein- oder zweimal zwischen 561 und 528 wurde Peisistratos vertrieben und konnte nur unter abenteuerlichen Begleitumständen seine Rückkehr erzwingen, doch seit 546 festigte sich seine Herrschaft zusehends, so daß ihm schließlich ein ruhiges Ende beschieden war. Er trieb typische Tyrannenpolitik, trat durch diplomatische Aktionen und Bündnisse mit Aristokraten und Tyrannen der griechischen Welt in Beziehung (unter anderem mit dem von den Persern schmählich getäuschten und 522 hingemordeten Polykrates von Samos), förderte die Unternehmungen athenischer Adeliger, die sich an den Dardanellen festsetzten und dort private Herrschaften gründeten, womit die Versorgung mit Getreide aus der Ukraine sichergestellt wurde. Er trieb eine breit angelegte

Mittelstandspolitik, die schließlich dazu führte, daß Athen jetzt endlich seine Kräfte nutzte und sich gegen die wirtschaftliche Konkurrenz seiner nächsten Nachbarn durchsetzte: attisches Geld, die ‚Eulen', und attische schwarz- und rotfigurige Keramik fanden weltweite Verbreitung. Athen, jetzt Sammelpunkt griechischer Künstler, schuf damals die Grundlagen seiner klassischen Kultur: Bauten auf der Akropolis und in der Stadt, Redaktion der homerischen Epen, die Feste der Panathenäen und der Städtischen Dionysien – der bäuerlich-naturhafte, ekstatische Kult des Dionysos, der im siebenten Jahrhundert durch die Aufnahme in Delphi unter den homerischen Göttern des Olymp hoffähig geworden war, läuterte sich später in den theatralischen Aufführungen –, dies alles weist weit in die Zukunft, erfreulich positive Seiten einer Zeit des Wirtschaftswunders und der Stagnation politischer Gesinnung.

Als Peisistratos 528 starb, war die beherrschende Stellung seines Hauses gesichert. Die Söhne Hipparchos und Hippias führten die Politik des Vaters weiter[9]. Erst 514 wurde, ein Akt persönlicher Rache, Hipparch ermordet – Harmodios und Aristogeiton gingen als heroische Befreier von der Knechtschaft in die athenische Geschichte ein –, doch damit war die Tyrannis noch nicht beseitigt. Das in der Verbannung lebende Geschlecht der Alkmeoniden, die unbestrittenen Leiter der Opposition, und ihr führender Mann Kleisthenes bedurften erst der Unterstützung durch den Spartanerkönig Kleomenes, bis sich Hippias endlich 510 zu Kapitulation und Abzug genötigt sah.

[9] Zu den vielen Unsicherheiten und Streitfragen, mit denen die Geschichte des Peisistratidenhauses verknüpft ist – vgl. etwa das Problem, ob Peisistratos einmal oder zweimal vertrieben wurde –, gehört auch seit Thukydides die Frage, ob Hippias oder Hipparch der eigentliche Nachfolger des Vaters gewesen ist. Heute spricht man allgemein von einer Samtherrschaft der beiden.

Nach einer Zeit neuer Wirren, in denen sich verschiedene Gruppen des Adels in Verbindung mit auswärtigen Freunden gegenseitig bekämpften, gelang es Kleisthenes endlich kurz vor seinem Tode 508/7, durch eine Weiterentwicklung der solonischen Reform die Machtgrundlagen der Adelspolitik ein für allemal zu brechen. Wenn fortan Adelige in der Geschichte Athens eine Rolle spielten – dies war ein Jahrhundert lang fast die Regel –, geschah dies kraft der Persönlichkeit des Einzelnen, nicht kraft einer Hausmacht.

Das Kernstück der kleisthenischen Reform ist die Phylenordnung. Um alle regional-partikularistischen Tendenzen von vornherein zu unterbinden, wurde zunächst das Territorium Attika in mehr als hundert kleinste Selbstverwaltungseinheiten zerlegt, die Demen, in denen die Bürger militärisch und zivil ‚erfaßt' waren und bald auch politisch heimisch wurden[10]. Darüber setzte Kleisthenes ein rational ausgeklügeltes System der Großgliederung: Stadt, Binnenland und Küste, drei Wirtschaftsräume mit ausgeprägtem Profil, wurden in je zehn, aus einem Demos oder mehreren bestehenden Teile (Trittyen) gegliedert; jeweils drei dieser Trittyen, aus jedem Raume einer, wurden nun ohne Rücksicht auf ihre geographische Lage in einer neuen Einheit zusammengefaßt, und zwar durch das Los – jenes Verfahren, das die Demokratie des fünften Jahrhunderts im Sinne einer radikalen Gleichheit bei der Bestellung der Beamten immer mehr bevorzugen sollte. Diese neuen Einheiten erhielten die alte Bezeichnung Phyle, wobei diese neuen Phylen mit den alten ‚vertikalen' gentilizischen nichts mehr zu tun hatten. Die Phylen, mit einer kultisch-religiösen Fassade versehen, wurden nun Einheiten der Wehrgliederung und der politischen Funktionen der Gesamtpolis. Die Zehn und ihre Vielfachen wurde die Normalzahl der athenischen Verfassung, wie die

[10] Das spielte sich offenbar bald ein, voll Stolz fügt der attische Bürger den Demos, dem er zugehört, seinem Namen an.

Fünf die Normalzahl in Sparta war. Der solonische Rat der 400 wurde auf 500 erweitert – aus jeder Phyle 50 – und fungierte als geschäftsführendes Organ der Volksversammlung, wobei jeweils die 50 einer Phyle als ‚Prytanie' mit täglich wechselndem Vorsitz[11] den zehnten Teil des Jahres für permanente Aktionsfähigkeit zu sorgen hatte. Die dritte Kautel gegen Adelsregiment und Tyrannengelüste sollte der berühmte Ostrakismos sein, das Scherbengericht, die erste schriftliche Abstimmung der Weltgeschichte. Alljährlich durfte die Volksversammlung im Frühling – man machte erst zwanzig Jahre später davon Gebrauch, bezeichnenderweise erstmals gegen einen der Peisistratiden, gegen die diese Institution vor allem gerichtet war –, sofern sich 6000 Stimmen zusammenfanden, gegen prominente Bürger votieren; derjenige, auf den die meisten Stimmen fielen, hatte für zehn Jahre das Land zu meiden[12].

Die attische Demokratie war etabliert. Wenn auch Kleisthenes den Areiopag bestehen ließ, so lief doch jetzt alles auf die Volksversammlung zu. Die Volksversammlung, der souveräne Demos herrschte, wer aber regierte? Wer in der Volksversammlung obsiegte, und das hing von tausend Zufälligkeiten und Umständen ab. Ein Jahrhundert lang, bis zur großen Ernüchterung nach einem bitteren Ende, war Athen von der prickelnden Ungewißheit labiler, jeden Augenblick drastischer Veränderungen fähiger Machtverhältnisse erfüllt, von einer permanenten Dynamik, welche Tage des Jubels und Tage der Trauer kaum je völlig verdeckten.

Man bezeichnet die innere Lage Spartas gern als permanenten Belagerungszustand. Mit gleichem Recht könnte

[11] Jeder Bürger hatte so eine reelle Chance, einmal im Leben für einen Tag ‚Staatspräsident' zu sein.

[12] Und zwar ohne Schaden an Leib, Namen und Gut, weshalb es wenig angebracht ist, den Ostrakismus als allzu harte Maßnahme oder gar als Verbannung zu bezeichnen.

man die innere Lage Athens als Permanenz einer latenten Revolution bezeichnen: jeder Tag konnte den vorhergehenden widerlegen und seine Helden stürzen.

Die größte griechische Leistung jener Jahrhunderte, in denen sich all diese Gestaltungen vollzogen, ist indes die gewaltige Bewegung, die wir unter der Bezeichnung Große oder Zweite Kolonisation zusammenfassen. Das Ergebnis ist in der Tat erstaunlich, vergleicht man die Engräumigkeit der Ausgangsbasis mit der Weite des Mittelmeerraums, an dessen Küstenlinien Griechen aller Stämme in den Jahren zwischen 750 und 550 v. Chr. ihre Poleis gründeten, so daß sie schließlich, um ein viel zitiertes, einprägsames Bild Platons zu wiederholen, um dieses Meer saßen wie die Frösche um den Teich.

Jetzt wurde nicht nur die Besetzung des Nordrands der Ägäis nachgeholt, die Griechen bemächtigten sich der Meerengen, siedelten an den Küsten des Schwarzen Meeres, mit Schwerpunkten im Süden, im Westen und auf der Halbinsel Krim, kontrollierten vor allem die Flußmündungen der Donau, des Dnjestr, Bug und Don (Tanais unweit des heutigen Rostow wurde so die nördlichste Griechenstadt). Hier war das kleinasiatische Milet führend, wenngleich auch andere Städte auftraten, so das kleine Megara, das nach einigem Zögern das geschichtlich bedeutungsvolle Byzanz gründete. Neue griechische Siedlungen entstanden auch an der Südküste Kleinasiens, eine, Naukratis, sogar im Nildelta. Kolonisten von der kleinen Insel Thera (Santorin) stießen über Kreta nach Süden vor, gründeten Kyrene und andere Städte an der großen Syrte, die bald einen starken wirtschaftlichen Aufschwung nahmen, vor allem durch den monopolisierten Handel mit der berühmten Droge Silphion[13].

Der Hauptstrom ergoß sich indes nach Westen. Hier wurden die Küsten Siziliens und Unteritaliens besetzt. Zahlreiche

[13] Die Pflanze wurde im 1. Jh. n. Chr. unter römischer Verwaltung durch Raubbau ausgerottet.

Städte und Stämme des Mutterlandes beteiligten sich, und in einer verwirrenden Fülle der Ereignisse formte sich eine neue griechische Welt, *megále Hellás*, Großgriechenland genannt[14]. Unter den vielen neuen Städten dieses Raumes wurden einige besonders bedeutsam: schon um 750 gründeten kühne Seefahrer, die von dem kleinen Chalkis auf der Insel Euböa kamen, die nördlichste Griechenstadt Italiens, Kyme (Cumae), die Etrusker und Römer mit der griechischen Welt in Kontakt brachte, ihnen vor allem das Alphabet vermittelte. Im südlichen Italien gewann allmählich Tarent entscheidende Bedeutung (es war um 700 von Sparta aus gegründet worden), wurde zu einem Zentrum der metallverarbeitenden Produktion. Auf Sizilien aber lief allmählich das korinthische Syrakus allen Konkurrenten den Rang ab, im vierten Jahrhundert die größte Stadt der griechischen Welt.

In einer späteren Phase der Kolonisation taten sich, wie in den Anfängen die Männer von Chalkis, die Leute aus dem kleinasiatischen Phokaia hervor. Sie erreichten Korsika und die südgallische Küste, wo um 600 Massilia entstand (Marseille, Antibes, Nizza und Monaco tragen heute noch die Namen griechischer Siedlungen), und gewannen Positionen in Spanien, die vorgeschobenste, Mainake, in der Nähe von Malaga.

Maßgeblicher Anlaß für die große Bewegung der Kolonisation war zweifellos die Übervölkerung, die das erste Jahrtausend der griechischen Geschichte wie ein Quartanfieber heimsuchte. Doch sie allein genügt zur Erklärung nicht. Was anfangs vielleicht Zwang war, wurde bald auch Gesinnung, vom wagemutigen Kaufmannsgeist bis zu den unerfreulichen Randerscheinungen eines unsteten Abenteurertums. Ja die

[14] Literarische Porträts einiger dieser Städte findet man in einem Werk, das eigentlich zur Reiseliteratur zählt, doch historisch ungewöhnlich gut fundiert ist: Ernst Wilhelm Eschmann, Im Amerika der Griechen, Düsseldorf 1961.

inneren Wandlungen der Zeit lassen die Neugründung einer Stadt auch als Möglichkeit politischer Emigration, und endlich einer Befreiung von feindlicher Bedrohung erscheinen[15].

Das neue Commonwealth der Griechen hatte ein durchaus eigenes Profil, das sich im Grunde jedem geschichtlichen Vergleich entzieht. Wir dürfen uns durch die Bezeichnung Kolonie nicht täuschen lassen, die sich durch Cicero anstelle des genuinen Wortes Apoikie als reichlich ungenauer Anachronismus eingebürgert hat. Diese Kolonisation hat mit neueren Siedlungsbewegungen verhältnismäßig wenig gemein, höchstens das eine, daß, wie wir heute sehen, hinter den einzelnen Aktionen eine Art Unternehmertum stand: eine Stadt stellte die Schiffe und den Leiter der Fahrt und Gründer der neuen Polis, den Oikisten, der immerhin die Chance hatte, von späteren Generationen als Heros kultisch verehrt zu werden, doch in der Regel erhielt das Unternehmen Zuzug von allen Seiten, durch Menschen aus anderen Städten und Landschaften, die die Heimat verlassen wollten oder mußten.

Doch damit hört die Möglichkeit eines Vergleichs mit der Moderne auch schon auf. Die kolonialen Griechen kannten nur die eine Organisationsform der souveränen Polis. Daher beschränkten sich die Bindungen an die Mutterstadt auf kultische Dinge und Sentiment, politische Abhängigkeit hätte dem Geist griechischer Staatsschöpfung widersprochen[16]. Die Polis, der Gemeindestaat bewirkte es, daß die griechische

[15] Schon die Namen sind aufschlußreich: an den Pyrenäen nennt sich eine Stadt schlicht Emporiai, ‚Handelsplatz', eine andere im Golf von Neapel (das römische Puteoli) heißt Dikaiarchia, ‚Herrschaft der Gerechtigkeit'. Endpunkt der Kolonisation ist gleichsam der Entschluß der Phokäer, ihre Heimat wegen des persischen Druckes aufzugeben und sich nach dem Westen (Alalia auf Korsika) abzusetzen.

[16] Die einzige Stadt, die nach einer festeren Machtbildung strebte, nach einer Art venezianischen Imperiums mit umgekehrter Stoßrichtung, war Korinth. Dies trug ihr auch prompt eine Aus-

Geschichte keinen ,Unabhängigkeitskrieg' kennt und kein Problem der Entkolonialisierung.

Das Verhältnis der Griechen zu den ,Eingeborenen', den Leuten im Hinterland, war zwar von Diskriminierung frei – schon deshalb, weil man nicht wie in der Neuzeit das Gefühl einer unbedingten Überlegenheit kannte, das sich auf Hautfarbe und Schießpulver stützt[17] –, doch durch die Polisgebundenheit von vornherein distanziert, was freilich nicht besagt, daß Griechenstädte der Küste nicht früher oder später durch Stämme aus dem Hinterland überrannt werden konnten, wie dies etwa im fünften Jahrhundert durch die Samniten in Unteritalien geschah. Wirtschaftlicher Austausch und in seinem Gefolge kulturelle Ausstrahlungen hinterließen überall ihre Spuren, sind uns vor allem durch Funde und Nachrichten aus dem gallischen und aus dem südrussischen Raum bezeugt[18]. Ja auch außerhalb des Kolonisationsraums, in den Großreichen des Ostens finden sich schon früh griechische Handwerker, griechische Söldner, und der griechische Kaufmann ist überall zu sehen, sofern es ihm die Vorsicht nicht geraten erscheinen läßt, der phönikischen Konkurrenz aus dem Wege zu gehn. In alldem zeigt sich eine neue Welt-

einandersetzung mit ihrer Kolonie Kerkyra (Korfu) ein, die älteste Seeschlacht der griechischen Geschichte (vor 650), wie Thukydides ausdrücklich vermerkt.

[17] Das nach den Maßstäben unserer Zeit geringe zivilisatorische, wirtschafts- und produktionstechnische Gefälle sollte uns auch vor dem törichten Kurzschluß bewahren, im Ernst irgendwo von einer ,Entwicklungshilfe im Altertum' zu reden.

[18] Wenn wir etwa das Wort ,Rhein' schreiben, bestätigen wir die Ausstrahlungskraft der griechischen Kolonisation gleich zweimal: Wir verwenden Lettern, die unter anderem durch den genannten Kontakt zwischen Kyme und Rom tradiert wurden, und halten außerdem an der griechischen Schreibung des Anfangslauts fest, wie sie durch Massilia und die Verwendung der griechischen Buchstaben bei den Galliern den Römern mitgeteilt wurde.

offenheit, zeigen sich Ansätze zu einem griechischen Wirtschaftsimperium, in dem der Austausch von Rohstoffen gegen Fertig- und Qualitätsprodukte des Mutterlandes eine rege Warenzirkulation einleitet. Doch allzu lange funktionierte der Kreislauf nicht, denn niemand wehrte es den Kolonien, ihrerseits Keramik, Eisenwaren und andere Artikel ihres Bedarfs, die sie aus dem Mutterland bezogen, nach Vermögen selbst herzustellen; sie entfalteten nur zu bald eine lebhafte Konkurrenz zum Schaden der alten Heimat.

Nichts war gesteuert, nichts in großem Stil geplant. Auch die Kolonisationsunternehmen selbst wurden ja weitgehend durch die Initiative eines Einzelnen und seiner Stadt bestimmt. So kam es immer wieder zu Fehlschlägen, zur Notwendigkeit mehrerer Ansätze, zu engräumigen Rivalitäten in einer anfangs noch unbegrenzt weiten Welt. Die Rolle Delphis hat man in diesem Zusammenhang oft überschätzt. Die Orakelstätte hatte nach einem lokalen Kleinkrieg zu Anfang des sechsten Jahrhunderts durch einen kleinen mittelgriechischen Völkerbund unter thessalischer Führung, die Amphiktyonie, eine garantierte Sicherheit erhalten und ihr weltweites Ansehen gestärkt. Aber mehr als grob die Richtung weisende Ratschläge hatte die Priesterschaft nie gegeben.

Von außen her blieb die griechische Kolonisation in ihren Anfängen durch glückhafte Umstände ungestört. Mit den festländisch orientierten Stämmen der Hinterlande wußten sich die Griechen zu arrangieren: man hatte etwas zu bieten, und also war man willkommen. Gegen das aufstrebende assyrische Weltreich grenzte ein leichtes Geplänkel in der Südostecke Kleinasiens die Sphären ab, und die Phöniker, die 814 Karthago gegründet hatten, blieben im Südwesten des Mittelmeerraums für sich. Diese günstige Situation änderte sich indes um die Mitte des sechsten Jahrhunderts. Denkwürdig ist in diesem Zusammenhang die Seeschlacht von Alalia (540 oder etwas später), durch die die vereinigten Etrusker und Karthager die phokäischen Siedler aus Korsika vertreiben konnten. Die Sieger wurden in jener Zeit plötzlich expansiv: die Etrusker dehnten ihre Macht bis Kampanien aus, die Phöniker gewannen sich die westliche Hälfte Siziliens. Vor allem aber hatte der größte Eroberer des Altertums, der erste persische Großkönig Kyros, durch die Vernichtung des Lyderreiches im westlichen Kleinasien (547) die gesamte kleinasiatische Westküste mitsamt ihren zahlreichen blühenden Griechenstädten in seine Gewalt gebracht. Die Griechen, die zumindest in Teilen ihrer Neuen Welt, wie etwa in Großgriechenland, in Lebensstil und Architektur, in Literatur und Philosophie, ja auch – wie die grausame, sinnlose Zerstörung der Stadt Sybaris durch das benachbarte Kroton (510) zeigt – im Hang zum jäh aufflammenden nachbarlichen Hader das Mutterland einholten und übertrafen, sahen sich plötzlich auf allen Seiten eingeengt. Die Epoche der Kolonisation, die längst von innen her ihre Dynamik eingebüßt hatte, wurde abgelöst durch eine Zeit der Bedrohung und der Abwehr, die zugleich die größte Zeit ihrer Geschichte war. Und dies ist kein Zufall: der Ruf der Freiheit schallt dann am lautesten, wenn sie gefährdet ist.

DIE PERSERKRIEGE

Im späten fünften Jahrhundert war es den Griechen klar, daß die Dinge so hatten kommen müssen, wie sie gekommen sind, denn wir lesen bei Herodot, daß die Eroberertradition des großen Kyros (559–530) seinen Nachfolgern auf dem persischen Königsthron ethisches Gebot war[1]. Kambyses (530–22) hatte Ägypten unterworfen, ein zweifelhafter Gewinn, denn dieses ungebärdige Land machte buchstäblich bis in die letzte Stunde der persischen Reichsregierung schwer zu schaffen. Dareios (522–486) darf als der Eroberer des Industals angesehen werden – bezeichnenderweise hatte in seinem Auftrag ein griechischer Kapitän, Skylax von Karyanda, die Aufklärungsarbeit durch eine Indusfahrt geleistet –, dann wandte er sich dem Nordwesten seines Reiches zu; früher oder später war der Zusammenstoß mit den Griechen unvermeidlich.

Im ausgehenden sechsten Jahrhundert war sich das Mutterland der Gefahr kaum bewußt. Die Vorstellungen von Art und Wesen des neuen Weltreichs blieben vage[2], der Schock von 547 hatte offenbar nicht nachhaltig gewirkt. In Sparta trieb König Kleomenes eine unruhige, den Traditionen zuwiderlaufende Machtpolitik, in Athen bangte man vor einer Restauration der Peisistratiden, der kleine Hader rivali-

[1] Herod. VII, 8. Zur inneren Struktur des Achämenidenreiches vgl. den Überblick bei R. Frye, Persien, dt. Zürich 1962, der die Geschichte des Iran von der indogermanischen Einwanderung bis 1000 n. Chr. darstellt.

[2] Z. B. ist der griechische Sprachgebrauch nie zu einer exakten Scheidung zwischen Medern und Persern gelangt.

sierender Poleis gedieh wie je zuvor. Nur Emigranten wußten anscheinend, wohin sie sich zu wenden hatten, denn manche, ein abgesetzter Spartanerkönig und ein vertriebener Tyrann aus Athen an ihrer Spitze, suchten beim Großkönig Zuflucht.

Die Herrschaft des Persers über die kleinasiatischen Griechenstädte war indirekt. Vertrauensleute aus städtischem Adel fanden sich, die als ‚Tyrannen' die Interessen des Oberherrn wahrnahmen, so gründlich, wie es ihnen ihr Selbsterhaltungstrieb gebot; der König und ebenso sein Satrap in Sardeis konnten sie am langen Zügel leiten.

Da entwarf Dareios das grandiose Projekt, das Schwarze Meer zu einem persischen Binnenmeer zu machen. Das Unternehmen (512?) mißlang, der Stoß des persischen Heeres verpuffte nach Überquerung der Donau in den südrussischen Weiten, doch in der Perspektive der Griechen rettete Dareios noch einen beachtlichen Erfolg: er gewann auf europäischem Boden Thrakien bis zur Struma, hielt das kleine Königreich Makedonien in halber Abhängigkeit. Das Leben in den kleinasiatischen Griechenstädten war wieder etwas enger geworden. Die Perser kontrollierten jetzt nicht nur in Ägypten, sondern auch an den Meerengen den Handel, ihr Herrschaftssystem zeitigte in den Poleis selbst starke innere Spannungen.

Den Funken ins Pulverfaß warf Aristagoras von Milet, eine zwielichtige Abenteurernatur, der als stellvertretender Tyrann von Milet erst die Perser zu einem Vorstoß in der Ägäis ermunterte und sich dann, als dieser mißlang, auf die Seite der demokratischen Résistance schlug. Er entfesselte einen Aufstand der Ioner (500–494), suchte auf einer Reise durch Griechenland vergeblich die Unterstützung der mutterländischen Stammesverwandten zu gewinnen – Sparta wies ihn brüsk ab, nur Athen und Eretria sandten schwache Schiffskontingente, die indes nie militärisch wirksam wurden –, doch er konnte ebensowenig wie sein Verwandter und Vorgänger Histiaios den Gang der Ereignisse nach seinem

Willen lenken: die führenden Männer Milets wurden aus der Leitung des Aufstands verdrängt und fanden bald an der Peripherie des Schauplatzes ein unwürdiges Ende.

Der Ablauf der militärischen Ereignisse folgte durchaus den Bedingungen des Großreichs. Der Koloß bewegte sich nur langsam, daher waren gegen ihn Anfangserfolge möglich. Den Ionern gelang es, das verhaßte Zentrum der Perser, das lydische Sardeis, zu nehmen und niederzubrennen, ja auch weite Teile Kleinasiens und Zyperns mitzureißen, dann aber antworteten wuchtige Entlastungsstöße, gegen Zypern, gegen den Hellespont, und schließlich konzentrierten sich die persischen Streitkräfte zu einem kombinierten Angriff auf Milet. In der Nähe der Stadt verloren die Ioner die Seeschlacht bei Lade (495/4), die Stadt fiel und wurde zerstört.

Bei der Behandlung der Besiegten folgte Dareios zunächst der bewährten brutalen Praxis der Assyrer, indem er die Reste der Milesier zwang, sich am Unterlauf des Tigris anzusiedeln, doch dann sorgte er, der große Reformer seines Reiches, auch in Ionien für die Wiederherstellung der Rechtssicherheit, wobei er sogar in der für die Griechen so wichtigen Frage der Restituierung der Tyrannenherrschaften zu Konzessionen bereit war. Im ganzen genommen hatte das kleinasiatische Griechentum viel verloren, nicht zuletzt den kurzen Traum von Freiheit, doch Wohlstand und kulturelle Blüte waren nicht gebrochen.

Der langsame Lebensrhythmus der persischen Macht, der in jenen Jahrzehnten fast regelmäßig ein Jahr der Aktion mit einem Jahr der vorbereitenden Organisation alternieren ließ, mußte zur Unterschätzung verführen. Im griechischen Mutterland war alle Welt über den Fall Milets tief erschüttert, doch nur wenige scheinen die Lage richtig eingeschätzt zu haben. Der athenische Archon des Jahres 493, Themistokles, erwog mit hellwachem Sinn die strategischen Konsequenzen der neuen Situation. Für ihn bedeutete der Sieg der Perser zunächst einmal eine Stärkung ihres Flottenpotentials, er forderte daher mit allem Nachdruck die athenische Seerüstung, drang indes noch nicht in entscheidendem Maße durch.

Anders Miltiades aus dem alten Adelsgeschlecht der Philaiden, dem die persische Umständlichkeit Zeit gegeben hatte, sein thrakisches Fürstentum unbehelligt mit allen Vermögenswerten zu verlassen, obwohl er sich durch seine Teilnahme am ionischen Aufstand dem Großkönig gegenüber kompromittiert hatte: er baute auf die qualitative Überlegenheit des griechischen Hopliten und kam nach einigen anfänglichen Widerständen, die man dem Heimkehrer entgegensetzte, in den Ruf eines Sachverständigen in Perserfragen. Daneben gab es noch die stets argwöhnische Vorsicht Spartas, daneben eine weit verbreitete Ahnungslosigkeit und Indifferenz, aber auch zahllose feine Kontakte, die zwischen Adelskreisen in griechischen Landen und den Persern hin und her liefen.

Das Jahr 492 brachte eine persische Sommerkampagne. Mardonios, der Schwiegersohn des Großkönigs, ein geschickter und erfahrener Mann, wählte die Nordroute: ein kombiniertes Unternehmen sollte zunächst Thrakien und den Einfluß in Makedonien sichern[3]. Doch seine Flotte scheiterte am Berge Athos, er selbst wurde in schwierige Gebirgskämpfe mit thrakischen Stämmen verwickelt und mußte sich zurückziehen, ohne mehr erreicht zu haben als die Sicherung des europäischen Besitzes.

Durch dieses Mißgeschick hatte Mardonios seinen Einfluß bei Hofe zunächst verloren. Eine andere Konzeption setzte sich durch, wohl von dem rivalisierenden Satrapen in Sardeis vertreten, die versprach, den ewigen Unruheherd im Ägäis-

[3] Der Streit um das Operationsziel des Mardonios, der in der modernen Forschung ausgebrochen ist, ist müßig. Der Perser brach früh im Jahre auf, es galt für ihn, Zeit und Mittel zu nützen. Wäre er rasch vorangekommen, so hätte ihn nichts gehindert, nach Thessalien und womöglich noch weiter vorzustoßen.

raum zu beseitigen. Unter dem reputierlichen Vorwand, Athen und Eretria seien für ihre Unterstützung des ionischen Aufstands zu bestrafen, verbarg sich vermutlich nichts anderes als der Plan, durch Wiedereinsetzung der Peisistratiden in Athen – der vor zwanzig Jahren vertriebene Hippias befand sich 490 im persischen Lager und hatte auch noch Freunde in der Stadt – eine machtvolle Position zu schaffen, von der aus perserfreundlicher Einfluß in Griechenland wirken konnte. Das Operationskorps von 20 000 Mann wurde verhältnismäßig klein gehalten – aus guten Gründen, denn für das Massenaufgebot eines qualitativ nicht überzeugenden Nationalitätenheeres ist das griechische Terrain zu eng – und zu Schiff von Kilikien aus in gemächlicher Küsten- und Inselfahrt seinem Ziel zugeführt. Mit der Gebärde des Weltenrichters verteilte der Feldherr Datis seine Gaben: Delos wurde gnädig und milde behandelt, Naxos bestraft, Eretria vernichtet, seine Bewohner mußten den Marsch ins Innere des Perserreiches antreten. Dann setzten die Perser nach Attika über, suchten das nächste für ihre Kavallerie und ihre Bogenschützen geeignete Gelände, die Strandebene von Marathon, in die sie Hippias einwies.

Athen war auf sich allein gestellt. In Sparta hatte es zwar seit längerer Zeit eine starke moralische Stütze, doch das erbetene Hilfskontingent traf, angeblich aus religiösen Bedenken, die nicht überall Glauben fanden, zu spät ein. Nur die kleine Nachbarstadt Platää leistete Zuzug. Miltiades war der Mann der Stunde. Er hatte zu wählen zwischen einer Verteidigung hinter den Mauern und der offenen Feldschlacht. Da schien es ihm zu gefährlich, den Kampf erst auf der letzten Bastion zu beginnen, zumal diese durch den Anhang, den Hippias immer noch in der Stadt hatte, geschwächt war, und er setzte den Ausmarsch durch.

So kam es denn nach einigen Tagen des Zögerns zu der denkwürdigen Schlacht von Marathon, in der die geringere Zahl über die größere siegte. Die massierte Phalanx der austrainierten griechischen Hopliten unterlief im Sturm den Geschoßhagel der Perser, drängte den Feind von den Flügeln her zurück und zwang ihn, sich nach einigen Verlusten wieder einzuschiffen. Datis versuchte noch, Attika zu umsegeln und Athens Häfen im Handstreich zu nehmen. Doch Miltiades mit seinen Athenern nutzte den Vorteil der inneren Linie, er war zur Stelle, als die persische Flotte vor Athen aufkreuzte. So blieb ihrem Befehlshaber nichts anderes, als zu tun, wozu ihm die Jahreszeit riet: er brach das Unternehmen ab und zog sich unbehelligt zurück.

Beiden Seiten war klar, daß damit das letzte Wort nicht gesprochen war. Dareios befahl jetzt den Reichskrieg, doch er starb, bevor die gewaltigen Rüstungen beendet waren. 486 erfolgte der Thronwechsel, 484 warf der Nachfolger Xerxes eine Erhebung Ägyptens nieder, 482 hatte er in Babylonien zu kämpfen. So wurde die Entscheidung hinausgezögert, erst 480 war es so weit.

Die Griechen wußten die Zeit zu nutzen, die ihnen so unverhofft gegönnt war, vor allem die Athener. In der griechischen Welt hatten sie an Prestige gewonnen, daheim aber stärkte der Geist von Marathon, wo der athenische Hoplit der eigentliche Sieger gewesen war, die Tendenzen zur Weiterentwicklung der Demokratie. Als erster der Allzugroßen fiel Miltiades: nach einer mißglückten Unternehmung gegen die Insel Paros wurde er angeklagt, starb an einer Verwundung im Gefängnis. Dann betätigte man kräftig das Instrument des Ostrakismos, dem zuerst die Führer der Peisistratiden, dann andere Adelige zum Opfer fielen. Gleichzeitig (487/86) beseitigte eine Verfassungsreform die Wahl der Archonten, die obersten Staatsämter wurden von nun an durch das Los besetzt. Die Wahl blieb jetzt auf die zehn Strategen beschränkt, weshalb das militärische Amt, das einzige, für dessen Besetzung noch die Qualifikation entscheidend sein konnte, nun auch politisch höchste Bedeutung gewann. Wie weit hinter all dem Themistokles als treibende Kraft stand, ist nicht zu sagen. Gewiß ist, daß er jetzt, gestützt durch die Erträgnisse neuer Silbergruben auf attischem Boden, sein Flottenbauprogramm durchsetzen konnte. Zweihundert Trieren wurden gebaut, die in der Stunde der Entscheidung Athen zur ersten Seemacht in Hellas machten.

Andere bereiteten sich anders vor: Makedonien, Thessalien, Mittelgriechenland, ja auch die Priesterschaft von Delphi neigten teils gezwungen, teils aus Opportunität dem Perser zu, das mächtige Argos bewahrte eine ängstliche Neutralität. Nur die Unerschütterlichkeit, die man in Athen und Sparta an den Tag legte, verhinderte es, daß sich angesichts der persischen Rüstung allgemeine Verzweiflung verbreitete. Je länger der Feind auf sich warten ließ, desto bedrohlicher wurde er. Griechische und phönikische Untertanen stellten ihm ihre Flotten, griechische Techniker bauten ihm die Schiffsbrücke über den Hellespont, in Thrakien und Makedonien entstanden Verpflegungsdepots, der gefährliche Athos wurde durch den Durchstich der Halbinsel, den Xerxeskanal, ausgeschaltet. Der Großkönig wußte außerdem den mächtigsten Griechen der Zeit, den Tyrannen Gelon von Syrakus, dadurch zu binden, daß er eine Offensive der Karthager in Sizilien veranlaßte[4].

Den Bevollmächtigten der griechischen Staaten, die den gemeinsamen Widerstand planen und organisieren sollten, schrieben Gegner und Gelände das Gesetz des Handelns vor. Der Feind kam mit seiner kombinierten Land- und Seemacht auf der Nordroute die Küste entlang. Ihn mit geringeren Kräften aufzuhalten, dazu bedurfte es der Anlehnung an natürliche Hindernisse. Die nördlichste Linie mit einer Stellung am Fuß des Götterberges Olympos mußte bald wegen

[4] Auch der Charakter dieses Zusammenwirkens zwischen Karthago und Persien gehört zu den ungelösten Streitfragen der Wissenschaft; zurückhaltende Beurteilung bei B. H. Warmington, Karthago, dt. Wiesbaden 1963.

der unzuverlässigen Haltung der Thessaler aufgegeben werden. So blieben nur noch zwei: die Landenge zwischen dem Ambrakischen und dem Malischen Golf und, wenn diese fallen sollte, als letzte Möglichkeit zu verzweifeltem Widerstand der Isthmos von Korinth.

Erst im Hochsommer 480 zog Xerxes von Makedonien her langsam in südlicher Richtung heran[5]. An den Thermopylen sperrte ihm der Spartanerkönig Leonidas mit einem Teil des griechischen Aufgebots, an die 10 000 Mann, den Weg, am Kap Artemision riegelte die hellenische Flotte die Einfahrt in den Malischen Golf ab. Mehrere Tage lang rannte Xerxes vergeblich frontal zu Wasser und zu Lande an, aber auch den Griechen gelang nicht, was sie sich erhofft hatten, der entscheidende Sieg über die persische Flotte, die kurz vorher an der thessalischen Küste durch einen Sturm schwere Verluste hatte hinnehmen müssen. Da konnte Xerxes die Sperre des Leonidas umgehen. Dieser sandte den Hauptteil seiner Truppen zurück, bevor er mit seinen 300 Spartiaten und 700 Bürgern der Stadt Thespiai freiwillig in der Umschließung dem sicheren Tod entgegenharrte, während sich auf See die griechische Flotte vom Gegner löste und zwischen Euböa und dem Festland nach Süden fuhr. Die zweite Linie fiel, man sammelte sich zum letzten Widerstand an der dritten, dem Isthmos.

Dieser Rückzug bedeutete einen erheblichen Substanzverlust, da jetzt auch Teile Mittelgriechenlands, Theben und

[5] Seine Stärke ist nicht genau anzugeben. Herodot spricht VII 184 ff. von 5,3 Millionen, darunter 1,8 Millionen Kombattanten, moderne Kritik hat letztere Zahl kräftig, auf 50 000 und darunter, zusammengestrichen; bei der Flotte ist der Unterschied zwischen antiken Angaben (1207 Schiffe) und neuerer Berechnung (600) geringer. Dies die Extreme; der Durchschnitt der modernen, stark voneinander abweichenden Schätzungen liegt bei 100 000 Kämpfern, 1000 Schiffen.

Delphi zumal, durch offenes Paktieren mit dem Perser ihre Rettung erkauften. Athen wurde geräumt, ein Vorgeschmack auf die Deportation im Fall eines persischen Sieges (die neue Themistoklesinschrift zeigt Details der Evakuierung nach Salamis und Troizen), die blühende Stadt wurde persisches Hauptquartier, später Stätte hemmungsloser Plünderung und Zerstörung. In den engen Gewässern zwischen Salamis und der attischen Küste stellte Xerxes die Griechenflotte zur Schlacht, angeblich durch Themistokles dazu veranlaßt, der ihm dies durch einen Sklaven angeraten hatte. Jedenfalls brachte die Wahl des Orts dem Großkönig nur den einen Vorteil, daß er von einem rasch errichteten Thron herab das Schauspiel des Kampfes betrachten konnte, das sich vor ihm entfaltete. Das feindliche Übergewicht an Zahl und Tonnage, das im Sund nur schlecht zur Geltung kam, glichen die Griechen, von heiliger Begeisterung und vom Mut der Verzweiflung zugleich erfüllt, durch die vollendete Harmonie ihres Zusammenwirkens aus. Der Tag gehörte ihnen[6]. Xerxes brach die Operationen ab, zog sich nach Sardeis zurück, um im nächsten Jahr erneut zur Stelle zu sein; einen Teil des Heeres ließ er unter Mardonios, seinem einflußreichsten Berater, in Thessalien, wo es überwinterte.

Es mutet an, als hätten die Griechen in den nächsten Monaten nach den Anstrengungen des Sieges eine Pause der Erholung nötig gehabt. Ihre wenigen Unternehmungen – nach wie vor stand die Flotte nominell unter spartanischem Oberbefehl, obwohl Athen fast zwei Drittel der hellenischen Schiffe stellte – wirken planlos, ungezielt. Die Nachricht

[6] Es kennzeichnet das Wesen der Griechen, daß diese Sternstunde ihrer Geschichte zugleich auch eine Sternstunde ihrer Dichtung ist. In dem Drama ‚Die Perser', gedichtet von dem Mitkämpfer Aischylos, aufgeführt 472 auf Kosten des jungen Perikles, gipfelt der berühmte Botenbericht mit der Schilderung der Schlacht 353 ff. in dem Ruf: ‚Jetzt gilts den Kampf um Alles!'

traf ein, daß Gelon von Syrakus die Karthager in der Schlacht bei Stadt und Fluß Himera entscheidend besiegt habe, ein Sieg, der den punischen Einfluß auf Sizilien für ein Jahrhundert zurückdrängte und gleichzeitig Syrakus die unbestrittene Vormacht in der sizilischen Tyrannenwelt brachte. In Athen gelang es den ostrakisierten Adeligen, die durch eine Amnestie vorzeitig zurückgerufen worden waren, den Einfluß des Themistokles zu schwächen.

Noch einmal ging 479 die Initiative von persischer Seite aus. Der agile Mardonios rückte nach ausgiebigen diplomatischen Vorbereitungen erneut in Mittelgriechenland ein, abermals mußte Athen geräumt werden. Die Verbündeten boten alles auf, was sie zur Verfügung hatten. Spartaner unter Pausanias, dem Nachfolger des Leonidas im Kommando und Vormund seines Sohnes, Athener unter Aristeides, der nachmals der Gerechte heißen sollte, Korinther, Ägineten und viele andere trafen in Böotien bei Platää auf die Perser, und obwohl es hier an einheitlicher Leitung mangelte, obwohl jedes griechische Kontingent praktisch seine eigene Schlacht schlug, scheiterte der noch immer übermächtige Feind an der Unerschütterlichkeit der spartanischen Phalanx. Mardonios fiel, seine Truppen zogen über den Hellespont. Sie brachen die Brücke ab, denn Xerxes hatte längst schon Sardeis verlassen, von einer erneuten Erhebung Babyloniens abberufen.

Wie der gewandte Fechter auf die Parade den Angriff folgen läßt, folgte hier auf die Defensivschlacht der Gegenstoß. Die Flotte der Verbündeten fuhr nach dem Osten aus, überfiel am Vorgebirge Mykale, in Sichtweite der Ruinen von Milet, das persische Schiffslager und vernichtete in einer Landschlacht die gefährliche Seemacht des Gegners.

Damit waren weltgeschichtliche Entscheidungen gefallen. Die endgültige Befreiung vom persischen Druck bedeutete für die Griechen viel. In den entscheidenden Stunden der beiden entscheidenden Jahre waren sie sich des Ideals der

Freiheit voll bewußt geworden, und damit zugleich der Besonderheit des Hellenischen, einer Gemeinsamkeit, die spätere Händel und blutige Kriege zwar verschütten, aber nie ganz abtöten konnten. Darum trugen sie auch ihrem panhellenischen Symbol Delphi die perserfreundliche Haltung nicht weiter nach, sondern errichteten sogleich an der heiligen Stätte das Siegesmal für Plataä. Vor allem Athen hatte sich durch Marathon und Salamis, die Größe des Sieges und die Größe des Opfers, ein Kapital an Achtung und Vertrauen angesammelt, von dem es in den nächsten Jahrzehnten politisch Nutzen zog, von dem aber auch noch die spätesten Nachfahren zehrten, im Grunde so lange, bis eines Tages, im dritten und vierten Jahrhundert nach Christus, Feinde kamen, die Goten, die von Marathon und Salamis nichts mehr wußten.

Doch auch für das Perserreich wurde der griechische Krieg zu einer bedeutsamen Zäsur in seiner Geschichte. Der Sieg des Kleinen über den Großen hat in Xerxes und seinen Nachfolgern für alle Zeit den Mut zur Fortsetzung der Kyrostradition des Welteroberers gebrochen. Die Scheidelinie zwischen Orient und Okzident war von den Griechen deutlich markiert, das arische Persien von ihnen in den Orient verwiesen.

Für die Ereignisse der nächsten Jahrzehnte aber war vor allem die Schlacht von Mykale wesentlich. Sie bedeutete nicht weniger, als daß es den Griechen gelungen war, dem Perser die Initiative zu entreißen, bedeutete die Freiheit der kleinasiatischen Griechenstädte, die nun für ein Jahrhundert an dem Schicksal Griechenlands, an seinem unerhörten Aufschwung und an der erschreckenden Brutalität des Austrags der in ihm schlummernden Gegensätze teilhatten.

DIE FÜNFZIG JAHRE

Bewertet man die Größe eines Geschichtsschreibers nach der zwingenden Kraft, mit der er seine Schau der Dinge späteren Generationen verbindlich macht, so ist zweifellos Thukydides, der Sohn des Oloros, aus Athen (etwa 460 bis 395 v. Chr.) der größte Historiker aller Zeiten. Er hat unter anderem auch der griechischen Geschichte des fünften vorchristlichen Jahrhunderts ihre Großgliederung gegeben, indem er die Ereignisse vom Rückzug des Xerxes bis zum Beginn des Peloponnesischen Krieges als einen Zeitraum ‚von etwa fünfzig Jahren' zusammenfaßte, die Pentekontaëtie, wie sich der gelehrte Sprachgebrauch zu sagen gewöhnt hat. Wenn diese Gliederung auch auf den ersten Blick etwas formalistisch anmutet, so hat sie doch neben den deutlich markierten Abgrenzungen auch eine eigene Thematik für sich: den Aufstieg Athens bis zu seiner höchsten Entfaltung und demzufolge das Aufkommen eines spartanisch-athenischen Dualismus, der allmählich die gesamte griechische Welt durchdrang.

Athenischer Unternehmungsgeist, athenische Dynamik, wie sie sich in jener Zeit zunächst in der Persönlichkeit des Themistokles am reinsten verkörperten, steuerten die Entwicklung rasch in die für die kommenden Jahrzehnte gültigen Bahnen. Als erstes begann man nach der Rückkehr in die zweimal geräumte Stadt zugleich mit dem Wiederaufbau Stadt und Hafen hastig zu ummauern – den Argwohn Spartas und anderer, näher an Athen gelegener Städte wußte die geschickte Diplomatie des Themistokles mit einer Politik der vollendeten Tatsachen zu überspielen –, damit Athen gesichert sei, gegen wen auch immer.

Gleichzeitig bot sich Athen an anderer Stelle eine Chance, die es schnell entschlossen zu nützen wußte. 478/77 operierte die Flotte der verbündeten Griechen erfolgreich am Hellespont, um den Verzicht der Perser auf ihre europäischen Besitzungen endgültig und unwiderruflich zu machen. Ihr Admiral, der stolze Sieger Pausanias, hochfahrend und zugleich anfällig für persisches Gehabe, machte sich bei den Untergebenen unbeliebt, sie trugen den Athenern die Führung an, und Sparta, unsicher geworden, zog sich daraufhin ohne ernsthaften Einspruch von einer ihm nicht gemäßen Aufgabe in einem ihm nicht gemäßen Bereich zurück. Übrig blieben von der Flotte, die bei Salamis und Mykale gesiegt hatten, ‚Die Athener und ihre Bundesgenossen', die sich alsbald eine feste Organisationsform gaben. Zunächst war da ein Bundeskontingent zur Abwehr etwaiger neuer persischer Angriffe, doch da die Stellung von Schiffen vielen kleinen Städten in Kleinasien, der Ägäis, im Mutterland und weit darüber hinaus – ihre Zahl sollte in den Fünfzig Jahren auf über 400 ansteigen – nicht zuletzt durch die Passivität des Gegners zu beschwerlich erschien, ging man alsbald dazu über, die Kontingente durch Matrikularbeiträge abzulösen. Aristeides der Gerechte aus Athen setzte die ‚Abgaben' fest, insgesamt 460 Talente jährlich, die an die Bundeskasse auf Delos entrichtet wurden, welche unter der Leitung einer athenischen Behörde, der Hellenotamien, stand. So entstand das große Assekuranz-Unternehmen des Delischen Seebundes, in dessen Generalversammlung zwar jeder Teilnehmer eine Stimme hatte, die Entscheidungen aber nach dem Willen dessen getroffen wurden, der die Waffen und demzufolge die Macht besaß.

Man kann nicht sagen, daß die größeren Verhältnisse die innere Entwicklung Athens sogleich nennenswert beeinflußt hätten. Rund fünfzehn Jahre, bis zum kometengleichen Auftauchen des Namens Ephialtes, des radikalen Volksführers zwischen 464 und 461, ging alles seinen gewohnten Gang, wenngleich wie einst der Hoplit von Marathon, so jetzt der

Ruderer von Salamis die demokratischen Tendenzen stärkte. Indes fehlte es ihnen an spektakulären Vertretern. Das Geschlecht der Alkmeoniden, seit jeher die Vorkämpfer einer volksfreundlichen Politik, hielt sich im Hintergrund, dem politischen Genie des Themistokles aber mangelte es an demagogischem Geschick. Der Sieger von Salamis verfiel denn auch 471 dem Ostrakismos, eine gerichtliche Verurteilung wurde ihm hinterhergesandt, nach abenteuerlicher Flucht durch ganz Hellas kam er schließlich zu dem neuen Perserkönig Artaxerxes (464–425), der ihm großmütig Magnesia am Mäander schenkte, eine der wenigen Griechenstädte, die den Persern verblieben waren [1].

So blieb denn als profilierteste Persönlichkeit Athens nur Kimon, der Sohn des Miltiades, ebenso reich wie populär, trotz seiner biederen Leutseligkeit nach Charakter und Politik ein Aristokrat, und ein tüchtiger Soldat dazu. Schon seine Konnexionen wiesen ihn in gemeingriechische Bahnen – bezeichnenderweise nannte er seine Söhne Lakedaimonios und Thessalos –, sein Programm, mit dem er es ehrlich meinte, lautete Verständigung mit Sparta, Kampf dem Perser. Nach vielen kleinen Erfolgen gegen Perserfreunde und noch immer vorhandene persische Stützpunkte im Ägäisraum feierte er seinen größten Triumph in der Doppelschlacht am Eurymedon (einem Fluß im südlichen Kleinasien), wo er eine gefährliche persische Bereitstellung überfiel und vernichtete [2]. Kurz danach

[1] Sparta, das nach einer mißglückten Unternehmung in Thessalien in jenen Jahren durch schwere Auseinandersetzungen innerhalb des Peloponnes behindert war, hatte bei der Jagd auf Themistokles nicht ohne innere Befriedigung Handlangerdienste geleistet, indem es den Fall mit dem des irrlichternden Pausanias verquickte, der in denselben Jahren nach längerem Hin und Her wegen Konspiration mit den Persern verurteilt und von den Ephoren zum Hungertod gezwungen wurde.

[2] Wohl einige Jahre nach 470. Die Chronologie dieser Jahrzehnte ist ungesichert und nicht mehr mit Gewißheit herzustellen, vgl. den

begann ein erstes Wetterleuchten. Ein groß angelegter Versuch der Athener, in der Südwestecke Thrakiens zu kolonisieren, mißlang. Die Insel Thasos, die dort Interessen hatte, war darüber mißtrauisch geworden, suchte den Seebund zu verlassen – dies war bereits der zweite Versuch eines Abfalls! –, mit Sparta zu paktieren und mußte mit Waffengewalt zur Räson gebracht werden. Das trug Kimon seine erste Anklage ein und weckte zugleich den Argwohn aller gegen alle.

Da brachte ein unvorhergesehenes Ereignis im Jahre 464 die Dinge ins Rollen, das Erdbeben zu Sparta. Die großen Menschenverluste der Spartaner reizten die Unterdrückten, die Gelegenheit zu nutzen: ein Helotenaufstand in Sparta und ein neuer, der dritte Messenische Krieg waren die unmittelbaren Folgen. Doch mit eiserner Energie schafften die Spartiaten wieder Ordnung in ihrem Hause, konzentrierten zuletzt ihre Anstrengungen auf den letzten Herd des Widerstands, die messenische Bergfestung Ithome, und riefen gar, als sie sich festgefahren hatten, die Waffenbrüder von Platää, die Athener, zu Hilfe. Kimon, der Spartanerfreund, setzte in Athen nach längeren Debatten die Entsendung eines Hilfskorps durch, erschien an seiner Spitze auf der Peloponnes, wurde aber von den Spartanern, die seiner nicht mehr bedurften, in einer Weise wieder heimgeschickt, die man in Athen als Beschimpfung und nationale Schmach empfand.

Dies bedeutete nicht nur eine Änderung im Verhältnis der beiden mächtigsten griechischen Staaten zueinander, für die jetzt offene Rivalität an die Stelle der alten Waffenbrüderschaft trat. In Athen nutzten Ephialtes[3] und seine Freunde

ausführlichen Bericht über den gegenwärtigen Forschungsstand bei E. Bayer, J. Heideking, Die Chronologie des perikleischen Zeitalters, Darmstadt 1975.

[3] Seine Persönlichkeit und die Einzelheiten seiner Wirksamkeit sind heute kaum mehr zu fassen. Wir sehen schattenhaft eine Gestalt, die, wie schon vor Jahrzehnten H. Swoboda erkannte, an Robespierre gemahnt: persönliche Integrität, jugendlicher Idealismus, starke

die Abwesenheit Kimons im Sommer 462 zu verfassungsändernden Gesetzen, die praktisch die Mündigsprechung der athenischen Demokratie bedeuteten. Der Areiopag, den Solon noch als ‚Wächter der Gesetze' beibehalten hatte, wurde zugunsten von Volksversammlung und Rat entmachtet, doch die Verantwortlichkeit des Einzelnen durch die neue Klageform ‚wegen Gesetzwidrigkeit' unterstrichen, die es gestattete, jeden Bürger für die Folgen der auf seinen Antrag hin zustande gekommenen Gesetze und Volksbeschlüsse haftbar zu machen. Der souveräne Demos kontrollierte sich von nun an selbst, in den Debatten der Volksversammlung, durch den Rat der 500, der die Arbeit der Ekklesie vorbereitete und zugleich die Beamten überwachte, durch die Gerichtshöfe der Heliaia, eines jährlich ausgelosten Reservoirs von 6000 Geschworenen, denen die Beamten nach Ablauf ihres Jahres Rechenschaft schuldeten, und endlich durch die unteren Selbstverwaltungseinheiten, denen die Vorprüfung der zur Auslosung geeigneten Kandidaten für die Ämter oblag.

Die vollendete Demokratie lebt von dem Glauben an das Gute im Menschen. Und in der Tat, Athens Geschichte weist überzeugende Erfolge auf. Das hohe Ideal der Isonomie, der Gleichheit vor dem Gesetz und an politischen Rechten galt zwar nur für die attischen Bürger, einen Bruchteil, etwa zehn Prozent der attischen Bevölkerung[4], doch diese stellten, gemessen an den Verhältnisse der griechischen Poliswelt, eine

theoretische Begabung. Sein Einfluß währte indes nicht lange genug, als daß sich sein Radikalismus bis zum Blutvergießen hätte weiter radikalisieren können.

[4] Ausgeschlossen blieben natürlich, zufolge des uralten Gedankens der Wehrgemeinschaft, Unmündige und Frauen; ferner grundsätzlich Landfremde (Metöken), mochten sie die wirtschaftlichen Möglichkeiten Athens noch so gut zu Vermögensbildung nutzen; und endlich die Sklaven. Schätzungen der modernen Forschung schwanken zwischen 25 000 und 40 000 Vollbürgern bei einer Bevölkerung von 300 000 Seelen.

riesenhafte Zahl. Im ganzen genommen war, trotz mancher Unzulänglichkeit im Sachlichen, die Bürgerinitiative immer ausreichend vorhanden, auch ohne Abgeordneten und Staatsanwalt funktionierten Gesetzgebung und Rechtsprechung eher zu rasch und zu häufig als zu wenig und zu schleppend. Bürgersinn und Opferbereitschaft machten zumindest im fünften Jahrhundert gewaltige Energien frei für bewundernswerte friedliche und militärische Leistungen. Und die Wohlhabenden standen in diesen Zeiten nicht abseits, obwohl ihnen das Institut der Leiturgie kostspielige Sonderleistungen aufbürdete: die Ausrüstung und Einsatzbereitschaft einer Triëre, die Ausstattung eines Chors zu den dramatischen Aufführungen, später auch die Pflicht, ein Jahr als Schulträger eines Gymnasions zu fungieren (Trierarchie, Choregie, Gymnasiarchie).

Doch die Demokratie kann auch nicht leben ohne die demokratische Tugend des Mißtrauens. In Athen hütete man sich wohl vor jeder jakobinischen Gleichmacherei, die wichtigen Finanzämter blieben nach wie vor nur den Reichsten vorbehalten, bei denen die Versuchung am geringsten ist; der untersten Klasse, den Theten, war der Zugang zu den Ämtern überhaupt versagt. Man sicherte sich auch gegen den Mißbrauch der Ämter, durch die Prinzipien der Annuität und der Rechenschaftsablegung nach Ablauf des Amtsjahres, durch Pluralität, meist in der Form des Zehnerkollegiums, und geringe Kompetenz, so daß schließlich jährlich ein Heer von neuen Amtsträgern in freiwerdende Stellen eintrat, die alsbald auch kleinbürgerlich besoldet wurden[5]. Diese Sicherungen waren stark genug, um die Demokratie für alle Zeiten gegen die Ausweitung eines Amtes zur Tyrannis zu schützen. Nicht hier lagen die letzten Gründe für ihr Versagen und ihren Niedergang, sondern in der mangelnden

[5] Im Laufe der Zeit traten das Theorikon, das Entgelt für den Verdienstausfall wegen Besuchs der dramatischen Aufführungen, und der Ekklesiastensold für die Teilnahme an der Volksversammlung hinzu.

Selbstzucht des souveränen Volkes. Was sich athenische Volksversammlungen und Gerichte nach Ausweis der erhaltenen Zeugnisse an mangelnder Urteilsfähigkeit, an Anfälligkeit gegen demagogische Mätzchen, an unbedachten Wankelmut leisteten, wird nur der befriedigt zur Kenntnis nehmen, der die rigorose Meinung vertritt, daß es in der Geschichte niemandem besser ergehen soll, als er es verdient.

Vorerst aber war es noch lange nicht soweit. Neue Männer begannen im Jahre 461 die athenische Politik zu prägen. Kimon wurde nach seinem Debakel mit den Spartanern durch einen Ostrakismos für lange Jahre ausgeschaltet, Ephialtes fiel kurz darauf einem politischen Mord zum Opfer. Für Kimon sprang sein Schwiegersohn Thukydides, der Sohn des Melesias, in die Bresche, doch seine schwachen Kräfte leisteten nicht viel mehr als eine hinhaltende Opposition, bis er 443 schließlich selbst ostrakisiert wurde. Die andere Seite, die die progressive demokratische Bewegung vorantrieb, war stärker, an ihre Spitze trat nun der bisherige zweite Mann, Perikles, der allmählich über die Rolle des Parteiführers hinauswuchs und zum Staatsmann seines Jahrhunderts wurde.

Dem Historiker wird es immer schwerfallen, der Gestalt des Perikles näherzukommen; es ist kein Zufall, daß er nur wenige Biographen gefunden hat, keinen, der sein Bild gültig geformt hätte[5a]. Wir wissen zwar von seiner Abkunft – sein Vater Xanthippos, athenischer Befehlshaber in der Schlacht bei Mykale, war mit den Alkmeoniden verschwägert, Perikles selbst durch seine Mutter Großneffe des Kleisthenes –, doch von seiner Kindheit und den Jahren seiner Entwicklung ist nichts bekannt, denn das frühe fünfte Jahrhundert vor Christus fragte noch wenig nach dem, was dem ersten Auftreten eines großen Mannes voraufging. In den mehr als

[5a] Der neueste und umfassendste Versuch: F. Schachermeyr, Perikles, Stuttgart 1969; ders., Geistesgeschichte der Perikleischen Zeit, Stuttgart 1971.

dreißig Jahren seines Wirkens aber schränkte Perikles absichtlich seine Kontakte mit der Öffentlichkeit ein, suchte sich nach Tunlichkeit dem plumpen Zugriff der Neugier zu entziehen und über seine private Sphäre einen undurchdringlichen Schleier zu breiten. Dies geschah nicht aus aristokratischem Hochmut oder Menschenscheu: zuerst, so heißt es, fürchtete er die Antipathie des Volkes, weil man ihm nachsagte, er sehe dem Tyrannen Peisistratos ähnlich, dann aber wurde daraus eine bewußte Zurückhaltung, weil er seine Autorität nicht durch die Alltäglichkeit seines Erscheinens abnutzen wollte. Erst gegen Ende seines Lebens, als sich die groben, bisweilen zotigen Angriffe der Komödiendichter und mißgünstigen Kritiker mehrten, wurde dieser Panzer etwas durchlässig, so etwa, wenn er sich, um den Freispruch seiner Frau Aspasia zu erwirken, vor den Geschworenen zu der üblichen, südländisch-drastischen Jammerszene des Erbarmen Heischenden herabwürdigen mußte.

Eindrucksvoll ist ein Wort, das Perikles auf dem Totenbett sprach: ‚Kein attischer Bürger hat um meinetwillen das schwarze Gewand der Trauer angelegt.' Wenn dieser Ausspruch auch nur in einem vordergründigen Sinn, nicht in dem tieferen der geschichtlichen Verantwortung Gültigkeit hat, bedeutet er doch viel. In den permanent labilen Machtverhältnissen der athenischen Demokratie konnte es nur durch ein schier übermenschliches Maß an Geduld, Nachsicht und Nachgeben wider besseres Wissen möglich sein, ein Menschenalter lang allein durch die Kraft des Willens und des Wortes in den entscheidenden Fragen die eigene überlegene Einsicht durchzusetzen, ohne je zu den brutalen Mitteln der Demagogen oder den vergleichsweise bescheidenen Kompetenzen des Strategenamtes zu greifen, das Perikles fast regelmäßig bekleidete.

Nach außen hin zeigte Perikles viele Jahrzehnte hindurch die vollendete Harmonie der gereiften Persönlichkeit, das Auftreten des Olympiers, wie auch die Kritik widerwillig anerkannte. War es Charisma oder eiserne Selbstzucht? Wir werden es nie erfahren, doch die Ausgewogenheit muß früher oder später zu einem Teil seines Wesens geworden sein. Dies beweist die machtvolle Wirkung seiner gemessenen Rede, die in den attischen Politen ein in ästhetischen Dingen äußerst feinhöriges Publikum hatte, die Wahl seiner Freunde zeigt es[6], und nicht minder auch das Werk: die Größe des perikleischen Athen entfaltet sich, trotz vielen Widrigkeiten und allem mißtönenden Lärm des Alltags, im machtpolitischen und im kulturellen Bereich in Leistungen von vergleichbarem, gleichgewichtigem Rang, und noch in der Stunde, da der große, verderbliche Krieg begann, steht die Polis in bestaunenswerter innerer Geschlossenheit vor uns: Stadt und Häfen befestigt, mit den drei Langen Mauern zu einer Insel Atlantis verbunden, die sich ganz auf die meerbeherrschende Flotte konzentriert, wie es dem unternehmenden, wagemutigen Charakter des Volkes gemäß ist.

Im Jahre 461, als die Zeit des etwa 35jährigen Perikles gekommen war, nahm die Demokratie, die sich eben der letzten Fesseln entledigt hatte, im Überschwang ihrer Kraft zwei starke Belastungen zugleich auf sich: die Fortführung des Kriegs gegen Persien und den neu aufgebrochenen Gegensatz zu Sparta. Der Thronwechsel nach der Ermordung des Xerxes (465/4) und die darauffolgende obligate Erhebung Ägyptens boten Anreiz zu einem riskanten Unternehmen: man konnte jetzt beweisen, daß es auch ohne einen Kimon

[6] Mit Sophokles hatte er Kontakt, nicht mit Euripides; der gereifte Philosoph Anaxagoras stand ihm nahe, nicht der damals noch junge Sokrates; und ein Teil seines Wesens teilt sich uns in den Werken des Pheidias auch heute noch mit. Schon diese Namen verraten die vielseitige Aufgeschlossenheit des Perikles, dessen tiefes Interesse für die Philosophie, die damalige ionische Naturphilosophie außerdem ausdrücklich bezeugt ist.

geht, und erlag denn auch sogleich den Versuchungen der Stunde.

Es ist lehrreich, den Verlauf des ägyptischen Feldzugs (460–454) mit dem des ionischen Aufstands (500–494) zu vergleichen. Hatten damals die Athener dem Ruf der Stammesverwandten nur zögernd und mit halbem Herzen Folge geleistet, so entsprachen jetzt die 200 Trieren der Bundesflotte, die gerade vor Zypern operierten, gern der Beistandsbitte des Libyers Inaros: die Unabhängigkeit Ägyptens mußte nicht nur eine Schwächung des Persers, sondern auch neue Möglichkeiten zur Ausweitung des Handels und zu wirtschaftlicher Initiative bringen. Man fühlte sich der großen Aufgabe gewachsen, doch der Gang der militärischen Ereignisse glich denen vor vierzig Jahren aufs Haar. Auch jetzt hatte man einen spektakulären Anfangserfolg aufzuweisen, eine Weltstadt, Memphis, wurde genommen, ohne daß die Zitadelle überwältigt werden konnte. Nur langsam setzten sich die Truppen des persischen Kolosses in Bewegung, doch als sie schließlich nach manchen Verzögerungen erschienen, trieben sie die Rebellen und ihre athenischen Verbündeten im Nildelta zusammen, vernichteten sie und gewannen auch noch eine Seeschlacht gegen eine athenische Flotte, die Verstärkungen bringen sollte. Spätestens jetzt muß den Athenern die fatale Parallele klargeworden sein, denn sie fürchteten – grundlos, wie sich herausstellen sollte – persische Vergeltung und brachten, vorsichtshalber und nicht ohne Nebengedanken, ihren Bundesschatz in Sicherheit, verlegten ihn von Delos nach Athen (454).

Inzwischen waren auch in der griechischen Welt die Dinge nicht glatt gelaufen. Zwar hatte Athen in einer verwirrenden Fülle von Kriegszügen, Flottendemonstrationen und Kämpfen seinen Seebund beständig erweitert, hatte Ägina in die Knie gezwungen und in mehreren Vorstößen, zuletzt durch Perikles selbst, im Westen Griechenlands Fuß gefaßt – in jene Jahre (458/7) gehört vermutlich auch das Bündnis zwischen Athen und der sizilischen Stadt Segesta –, aber das wiedererstarkende Sparta forderte von Stunde zu Stunde mehr Beachtung. 460 hatten noch athenische Freiwillige an der Seite von Argos den Spartanern widerstehen können (Schlacht bei Oinoë), doch bei dem Streit um die beherrschende Stellung in Mittelgriechenland kam es 457 zum erstenmal zu einer offenen Feldschlacht zwischen Athenern und Spartanern, und die Athener unterlagen. Kurz darauf, als die Spartaner heimgezogen waren, behaupteten sich die Athener doch noch durch ihren Sieg bei Oinophyta in Böotien, aber die Einbußen von 454 drängten nach einem Ausgleich: Sparta, das defensiv gesonnene, reichte dazu die Hand, erbot sich in rascher Folge zu einem Waffenstillstand mit Athen und mit dem ihm seit langem verfeindeten Argos[7].

Es scheint, als habe Perikles in jener Zeit seinen bestimmenden Einfluß auf die athenische Politik für kurze Zeit verloren. Jedenfalls tauchte der Name Kimon wieder auf, der in den ersten Jahren nach seiner Ostrakisierung fast vergessen war, und auch sein Programm. Dem notdürftigen Ausgleich mit Sparta folgte eine neue Offensive gegen Persien: Kimon fuhr noch einmal aus, operierte in den Gewässern von Zypern, und in seinem Geist – er starb kurz vor dem entscheidenden Erfolg – siegten die Männer des attischen Seebunds in der Schlacht bei dem zyprischen Salamis (450) über die phönikischen Schiffe der Perser.

Perikles nützte nicht den Sieg aus, sondern den Tod seines

[7] Die Chronologie liegt bei diesen Ereignissen so sehr im argen, daß Ursachen und Wirkungen nicht mehr mit hinreichender Sicherheit festzustellen sind. Für den 5jährigen Waffenstillstand zwischen Athen und Sparta sind alle Jahre von 453 bis 450 genannt worden und auch möglich. Sicher hat ihn Kimon zustande gebracht, doch seine Rückkehr muß nicht erst 451, 10 Jahre nach seiner Ostrakisierung, erfolgt sein; eine Amnestie unter dem Eindruck der Niederlage in Ägypten 454 ist wahrscheinlich, vgl. S. 63, Anm. 2.

Gegenspielers. Er rief die Flotte in die Ägäis zurück und sandte dafür einen Unterhändler zum Großkönig, den prominenten athenischen Bürger Kallias, der denn auch 449 einen Ausgleich mit dem Perser heimbrachte. Der König verpflichtete sich immerhin, den Status quo anzuerkennen, indem er die Autonomie der kleinasiatischen Griechen bestätigte und sich bereit erklärte, seine Schiffe aus der Ägäis, seine Landstreitkräfte einen Tagesritt von der kleinasiatischen Westküste fernzuhalten.

Damit war wenigstens die Doppelbedrohung genommen, unter der Athen seit mehr als einem Jahrzehnt stand, doch man hatte, wie leicht abzusehen war, nur eine neue Gefahr dafür eingetauscht, denn es bedurfte vermehrter Anstrengungen, einen Seebund zusammenzuhalten, dem sein ursprünglicher Sinn, der Krieg gegen Persien, genommen war. Säumige Zahler, ja auch Empörer (Euböa und Megara 446, dann Samos 441—439) waren immer wieder zur Ordnung zu rufen. So konnte Perikles die Entlastung nicht dazu nutzen, die mutterländische Stellung zu festigen oder gar auszubauen. Im Gegenteil: ein unglückliches Gefecht gegen die Böotier (Schlacht bei Koroneia, 447) kostete den Einfluß in Mittelgriechenland, gab der Stadt Theben die Möglichkeit, den Böotischen Bund zu bilden, der im nächsten Jahrhundert für kurze Zeit der stärkste Machtfaktor Griechenlands werden sollte, und als gar bei dem Abfall Euböas und Megaras im folgenden Jahr wieder einmal ein spartanisches Heer auf dem Plan erschien, hatte Perikles alle Mühe, eine annehmbare Friedensregelung unter Dach und Fach zu bringen.

Der Dreißigjährige Frieden, der 446 zwischen Sparta und Athen abgeschlossen wurde, ist in mehr als einer Hinsicht bemerkenswert. Die Athener verzichteten auf alle Positionen in der Peloponnes, das Territorium von Megara eingeschlossen, nur Ägina behielten sie unter Kontrolle; damit war die athenische Macht stärker denn je auf das Meer verwiesen, die politische Aktivität Athens und seines Bundes richtete sich, wie mehrere Verträge am Vorabend des Peloponnesischen Krieges beweisen, jetzt immer stärker auf weit entfernte Ziele, Sizilien, Makedonien, Thrakien. Die verbindende Kraft des Meeres bewirkte es so, daß der Peloponnesische Krieg in der Tat zu einem griechischen Weltkrieg wurde. Dieser griechischen Welt aber bescheinigte schon der Frieden von 446 die Dreiteilung der politischen Kräfte, indem er neben den Machtblöcken der Spartaner und der Athener ausdrücklich die neutralen, ‚die nicht eingeschriebenen Städte', nennt und ihnen volle Entscheidungsfreiheit zusichert.

Hinter diesen Friedensregelungen spürt man einen einheitlichen, starken Willen, eine athenische Politik, die bereit ist, für das, was sie will, ehrlich zu bezahlen. Wir dürfen darum die Friedenszeit, auch wenn sie nur knapp halb so lange währte als die Verträge vorsahen, als große staatsmännische Leistung des Perikles werten. Seinen Geist lassen auch zwei interessante Projekte erkennen, die in jener Zeit in Angriff genommen wurden. Da ist einmal die Einladung zu einem panhellenischen Kongreß[8], der in Athen über Frieden und Freiheit der Meere, sowie über die Erhaltung der gemeingriechischen Gesinnung aus der Zeit der Perserkriege beraten sollte. Das scheiterte freilich an der Ablehnung der Spartaner, die es nicht dulden konnten, daß sich die athenische Initiative in einen wenn auch unausgesprochenen Führungsanspruch wandle. Mehr Erfolg brachte es, als Athen 444 nach einer Anregung von außen zur Gründung einer panhellenischen Kolonie auf dem Boden des 510 zerstörten Sybaris aufrief; wenn auch das Schicksal der neuen Stadt Thurioi in den ersten Jahren ihrer Geschichte nicht glücklich

[8] Die einzige Überlieferung, Plutarch, Perikles 17, ist undatiert, der zeitliche Ansatz kontrovers; in der modernen Forschung werden die Jahre nach 450, nach 446, nach 438 genannt. Der Zusammenhang mit dem Frieden von 446 dürfte indes nicht zu bestreiten sein.

war, so zeigt doch die Reihe großer Namen der griechischen Geisteswelt, die sich an der Neugründung beteiligten, daß die Zeit die Bedeutung Athens und seines leitenden Staatsmanns rasch erkannt hatte[9].

Die Friedensregelungen und Friedensbemühungen jener Jahre sind mit dem tiefen Verlangen der Menschen nach Sekurität nicht hinreichend erklärt. Nicht um mit seinem Volk das bisher Erreichte ungestört zu genießen, ließ Perikles die Waffen schweigen, sondern weil er Neues, Anderes, Größeres mit ihm vorhatte. Die Friedensjahre 446–431 sind das eigentliche Zeitalter des Perikles, höchste Blüte Athens und der griechischen Kultur. Diese Kultur und ihre Leistungen können wir hier nicht im einzelnen betrachten, wohl aber haben wir auf ihre politischen, wirtschaftlichen und sozialen Aspekte hinzuweisen.

In der älteren deutschen Forschung wird der Attische Seebund der späteren Zeit häufig als ‚Reich' bezeichnet, und in der Tat lassen sich aus den Verhältnissen nach der Verlegung der Bundeskasse 454, spätestens nach dem Frieden von 446 Argumente gewinnen, die für eine solche Kennzeichnung zu sprechen scheinen. Für die Bündner ging es auf die Dauer ohne fühlbare Schmälerung ihrer Souveränität nicht ab: die ‚Beiträge' zur Bundesflotte, die fast rein athenisch war, beinträchtigten die Wehrhoheit, die Verbreitung des beliebten attischen Geldes nötigte manche Staaten, wohl oder übel für kürzere oder längere Zeit auf ihre Münzhoheit zu verzichten, und in einzelnen, heute nicht mehr genau erkennbaren Fällen ging sogar die Gerichtshoheit auf den athenischen Demos über. Es ist darum kein Zufall, daß die

[9] Uns werden genannt: der Philosoph Empedokles aus dem sizilischen Agrigent, der Sophist Protagoras aus dem thrakischen Abdera, sowie aus Kleinasien der Historiker Herodot von Halikarnaß und der Architekt Hippodamos von Milet.

Gegenpropaganda der oppositionellen, peloponnesisch gesinnten Seite das internationale Vokabular um die zündende Wortprägung ‚Autonomie' bereichern konnte.

Betrachtet man mit den Augen des Griechen Aristoteles den Menschen *per definitionem* als *Zôon politikón*, als ein Wesen, das dadurch bestimmt ist, daß es in den überschaubaren Grenzen des Gemeindestaates lebt, dann ist eine Entwicklung in dem angedeuteten Sinne, die in einer großen, straffen Reichsorganisation enden muß, in des Wortes eigentlichster Bedeutung widernatürlich. Von daher verstehen wir den wachsenden Unmut der Bündner, die mit scheelen Augen sahen, wie treffend die offizielle Bezeichnung ‚Die Athener und ihre Bundesgenossen' das Machtverhältnis zwischen dem Großen und den Kleinen wiedergab, ihre laue oder aufsässige Haltung, die immer wieder Einsatz der Machtmittel oder Demonstrationen, wie etwa die berühmte Fahrt des Perikles in die Gewässer des Schwarzen Meeres, nötig machte. Wir verstehen aber auch die erschreckende Ungeschicklichkeit der athenischen Demokratie in der Handhabung einer Macht, die ihr einst letztlich der Zufall in die Hand gespielt hatte. Zwar schickte man zur Sicherung des Ägäisraums Bürgerkolonien aus, sogenannte Kleruchien, und trieb auch andere Formen der Kolonisation mit überraschend starkem Menschenpotential, aber die Frage eines Reichsbürgerrechts diskutierte man nicht oder allenfalls zu spät. Zwar erhoben sich in Athen immer wieder Stimmen, die einer anderen Behandlung der Bündner das Wort redeten, doch sie waren vornehmlich von der innerathenischen Opposition bestimmt und leisteten nicht mehr, als daß sie Gegnern billige Schlagworte lieferten. So endete, als schließlich der Krieg kam und Perikles nicht mehr da war, alles bei dem schlimmsten aller politischen Übel, der Inkonsequenz.

Zunächst einmal hatten die Bündner zu zahlen, und zwar in erster Linie für die athenische Flotte, womit sie den athenischen Wehretat deckten, zum anderen aber ‚ein Sechzigstel an die Göttin', womit die Tempelbank der Athene, die sich außerdem durch komplizierte finanzielle Transaktionen eine Rücklage für den Not-, den Kriegsfall, zu sichern wußte, in Besitz der notwendigen Kapitalreserven gelangte. So konnte der Parthenon gebaut, die Ausgestaltung der Akropolis in Angriff genommen werden, jene einmaligen künstlerischen Leistungen wurden unter Perikles und Pheidias Wirklichkeit, die, wirtschaftlich und sozial gesehen, ein nicht minder großzügiges Arbeitsbeschaffungsprogramm für die Kleinbürger darstellten wie der Flottendienst für jene Schichten, die ins Proletariat abzusinken drohten. Das gewaltige Bauprogramm brachte dem athenischen Kunsthandwerk und dem Transportgewerbe raschen Aufschwung, wie es schon Plutarch in einem bekannten Kapitel seiner Periklesbiographie (12) anschaulich schilderte, brachte zusammen mit der Intensivierung eines weltweiten Handels, der längst schon die ältere Bedeutung des nahen Korinth überflügelt hatte, den Athenern jener Generation einen später nie wieder erreichten Wohlstand.

Dies alles zog natürlich viele Fremde ins Land. Zwar wachte die athenische Bürgerschaft eifersüchtig über ihren angeborenen politischen Rechten, hatte schon 451 auf Antrag des Perikles durch ein rigoroses Gesetz die athenische Abkunft beider Eltern als Qualifikation für das Bürgerrecht beschlossen, doch dies hinderte die Fremden nicht, an der allgemeinen Prosperität teilzuhaben. Trotz Sonderbesteuerung und Verbot des Grunderwerbs blieben viele im Land: eine ungewöhnlich starke, wohlhabende Schicht von Metöken, viele davon als Unternehmer von Bedeutung, hielten dem Staat auch in Notzeiten die Treue, obwohl sie ihren Aufenthalt im Lande mit der für jeden Griechen schmerzlichen Preisgabe aller politischen Rechte erkaufen mußten.

Andere Fremde kamen, und gingen wieder, unter ihnen zahlreiche Philosophen, Lehrer und Künstler, denn hier in Athen und nirgendwo anders konnte man Namen, Ansehen und auch finanziellen Erfolg gewinnen. Nicht, daß die Athener nur die Nehmenden gewesen wären, sie griffen alle Anregungen gierig auf, traten bald in Nachfolge oder Protest mit eigenen Leistungen gleichen Ranges hervor. So wurde Athen damals zur Hohen Schule des griechischen Geistes und gewann zu den Traditionen von Marathon und Salamis eine neue hinzu, die sich vom Jahre 404 ab im weiteren Verlauf seiner Geschichte immer wieder bezahlt machen sollte.

Breitere zeitgeschichtliche Wirkung erzielten vor allem die Sophisten, die sich in Athen zusammenfanden. Aus allen Himmelsrichtungen kamen sie, Protagoras aus dem Norden, Prodikos aus der Ägäis, Hippias von der Peloponnes und Gorgias aus Sizilien, um nur die bedeutendsten zu nennen. In ihren Kreisen wurden damals nicht nur die Grundlagen der griechischen Staatstheorie geschaffen, die ersten Ansätze des späteren griechischen Erziehungssystems entwickelt, sie verbreiteten auch unter ihren vielen zahlfreudigen Hörern einen neuen Geist des Intellektualismus, der rhetorisch geschulten Kasuistik, einer von allen Werten gelösten, zweckbestimmten und wirkungsmächtigen Argumentation, der bald in privaten Diskussionen Schule machte und in die politischen Debatten Eingang fand. Es kann kein Zweifel darüber bestehen, daß die Brillanz dieser wortgewandten Männer, dieser Techniker einer manipulierten Politik stilbildend wirkte und daß die herbe, ablehnende Kritik des Sokrates der platonischen Dialoge in einem tieferen, die Gesamtentwicklung der athenischen Demokratie berücksichtigenden Sinne ihre Berechtigung hatte.

Hier ging die Initiative eindeutig von den Fremden aus, ebenso wie in der gleichzeitig auf dem Boden Athens entstandenen Geschichtsschreibung, an deren Anfang die Namen des Herodot von Halikarnaß und des Hellanikos von Lesbos stehen, auf die dann der Athener Thukydides folgt. Stärker war der athenische Anteil, dank den großen Meistern Myron und Pheidias, in der Bildenden Kunst, und vollends in der schönsten und reifsten Schöpfung des griechischen Genius, dem attischen Drama. Mögen auch bei den Anfängen der Tragödie und Komödie fremde Einflüsse mit hereingespielt haben, im wesentlichen waren hier während des fünften Jahrhunderts die athenischen Bürger unter sich, aus ihrer Mitte kamen die großen Tragiker Aischylos, Sophokles, Euripides, die Meister der Komödie Kratinos, Eupolis und Aristophanes, die das Drama zur eigentlichen Kunstform der demokratischen Gesellschaft machten. Athenische Bürger finanzierten die Aufführungen an den beiden Dionysosfesten der Gemeinde im ersten Jahresdrittel, und athenische Bürger saßen phylenweise in den Sektoren des Halbrunds, um dem Dichterwettstreit zuzusehen, bisweilen den menschlichen Bedürfnissen einer stärkenden Mahlzeit oder eines kräftigen Schlummers zugetan, doch immer bereit, mit den in der Ekklesie erprobten, mitunter sehr handfesten Mitteln ihre Parteinahme und ihre kritische Meinung kundzutun, eine erweiterte Volksversammlung, zu der auch fremde Gäste, schließlich mitunter auch Sklaven, Frauen, Kinder Zutritt hatten, aber eben doch eine Versammlung des athenischen Volkes.

Trotzdem war die attische Tragödie nicht politisches Theater in vordergründigem Sinne. Die wenigen zeitgeschichtlichen Themen, die bekannt sind – darunter die erhaltenen ‚Perser' des Aischylos –, gehören den starken Erschütterungen der Epoche der Perserkriege zu, ansonst nahmen die Dichter die Stoffe, wie es dem ursprünglich sakralen Charakter der Dionysosspiele zukam, ihrer ‚Geschichte', den Mythen und den Sagen der mykenischen Zeit. Anspielungen auf die zeitgenössische athenische Politik finden sich bei Aischylos (525–456) nur verhüllt und indirekt, bei Sophokles (496–406) überhaupt nicht, nur bei Euripides (485–406) klingen bisweilen zwischen Aufschrei und Protest eines freien Geistes vereinzelt patriotische Töne durch.

Die Komödie des fünften Jahrhunderts widmete einen großen Teil ihrer Stücke der politischen Satire, sie ist dadurch schon im Altertum geradezu in ihrem Wesen bestimmt und von späteren Formen unterschieden worden. Wir wissen, daß Kratinos (520—423) wütende Angriffe gegen Perikles führte und daß Eupolis (446—412) die Volksführer Kleon und Hyperbolos aufs Korn nahm, und Aristophanes (etwa 445—385), von dem allein Stücke erhalten sind, stand nicht hinter ihm zurück. Aber alle lebendige, bisweilen rüde Kritik an Personen, Zuständen, Zeitsymptomen kam nicht aus einer im Grunde nihilistischen Effekthascherei verantwortungsloser Possenreißer, sondern ist eher Ausfluß einer konservativen Gesinnung, die gegen die Modernitäten in allen Sparten des Lebens Front macht. Gewiß gab es im einzelnen Entgleisungen, auch Romantik jenseits aller praktikablen Realität, doch im großen ganzen blieb in der politischen Komödie die Substanz des Staates heil, wo die Wirklichkeit zerzaust wurde. So war auch die Komödie zu ihrem Teil ‚moralische Anstalt' im besten Sinne des Wortes, die den Menschen durch Besinnung auf sein Selbst erzieht – nur freilich wie alle Erziehung von vergleichsweise geringer, mehr oder weniger zufälliger Wirkung.

Betrachtet man die attische Tragödie, die attische Kunst der perikleischen Zeit schlechthin, so kann man die Kritik Platons nur schwer verstehen, der Perikles deswegen verurteilt, weil er die Athener nicht ‚besser' gemacht habe, und alle äußeren sozial- und wirtschaftspolitischen Erfolge als Firlefanz abtut. Perikles hatte nur geringe Möglichkeiten, die Kräfte, die sich regten, zu leiten oder zurückzudämmen, er besaß weder die Machtfülle eines Tyrannen, noch die patriarchalische Stellung eines Landesvaters, denn die vollendete Demokratie ist allemal eine Staatsform für Erwachsene, ob diese nun reif wie Erwachsene sind oder nicht. In ihr fällen die Bürger in ihrer Gesamtheit, nicht nur die leitenden Männer, wie Platon meint, durch ihre Entscheidungen und ihr Handeln das Urteil über sich selbst.

DER GROSSE KRIEG UND SEIN NACHSPIEL

Wer den Peloponnesischen Krieg über die Jahrtausende hin betrachtet, kann es nicht anders tun denn als Schüler des Thukydides, denn abermals hat er, wie bei der Pentekontaëtie, dem Geschehenen Gestalt gegeben, indem er eine Folge von Kriegen, die durch Friedensjahre unterbrochen wurden, unter einem Begriff als zeitgeschichtliche Epoche, ja als modellhaftes Stück Weltgeschichte verstand. Keine spätere Darstellung konnte sich je seiner Führung entziehen.

Gerüchten, die in Athen umgingen und auch ihren Niederschlag in der Komödie fanden, verdankt die Geschichtswissenschaft das älteste Kapitel ihrer Methodenlehre: dem Gemunkel, Perikles habe den Krieg vom Zaun gebrochen, um eine weitere Schwächung seiner Position zu vermeiden, trat Thukydides mit der begrifflichen Scheidung zwischen Ursache und Anlaß entgegen, die seitdem Gemeingut historischer Darstellungen geworden ist. Die letztlich entscheidenden Ursachen des Krieges aber sind nicht die eine oder andere Maßnahme des athenischen Demos und seines Führers Perikles, sondern liegen tief im Wesen der geteilten griechischen Welt begründet. Der Frieden von 446 hatte die Sphären abgegrenzt, die Machtblöcke profiliert. Und mehr noch, innerhalb dieser Blöcke und auch außerhalb, bei den Neutralen, wurde der Gegensatz allmählich zu einer Sache der politischen Weltanschauung: die Demokraten blickten nach Athen, die Aristokraten nach Sparta.

Den bedachtsamen, zögernden Spartanern ging es nicht nur um ihr schwindendes Prestige als Vorkämpfer von Hellas, ihnen erschien das athenische Wesen von Herzen unsympathisch und aufdringlich, und wenn man ihnen die Formulierung vortrug: ‚Diese Leute sind nun einmal so, daß sie nicht Ruhe halten und auch die anderen Menschen nicht in Ruhe lassen', so mußte in den Augen der schwerfälligen Dorier Betriebsamkeit und Wendigkeit von vornherein moralisches Manko bedeuten.

Dies allein reichte jedoch nicht aus, die griechische Welt in ein Vierteljahrhundert des Elends zu stürzen. Es bedurfte noch der zwielichtigen Rolle der Korinther, um den Krieg in Gang zu bringen. Korinth war jene Polis, die durch den Aufstieg Athens die stärksten Einbußen erlitt. Die Stadt, die schon durch ihre Lage auf dem Isthmos zum Handelszentrum prädestiniert war, die aus der großen Zeit ihrer Tyrannen noch starke Bindungen zu ihren Kolonien bewahrt hatte, mußte eher als jede kontinentale Macht des Mutterlandes im offenen Konflikt der Interessengegensätze mit Athen zusammenprallen.

Korinth geriet mit seiner Kolonie Kerkyra, der Stadt auf der Insel Korfu, in Streit. Die Kerkyräer, die einen Seesieg erfochten hatten und nun den Gegenschlag einer großen peloponnesischen Flotte fürchteten, gingen Athen um Hilfe an, erhielten aber dort nur die Zusage einer Unterstützung, die sich streng auf die Defensive beschränken sollte. Doch dies genügte schon: die Anwesenheit einer Handvoll athenischer Schiffe hinderte die Korinther bei ihrer Revanche daran, den Sieg, den sie 433 in den Gewässern von Kerkyra erringen konnten, auszunützen, sie fuhren heim, und Kerkyra war für einigeZeit gerettet. Die Darstellung, die Thukydides von diesen Ereignissen gibt, ist von der Gewitterschwüle kommenden Unheils überschattet. Es ist nicht nur so, daß sich die Korinther trotz mehrfacher Übermacht scheuen, sich auf einen ernsthaften Kampf mit der eleganten, technisch perfektionierten und gefährlichen Waffe der athenischen Triëren einzulassen: beide Seiten halten sich gemäß den Weisungen, die sie mit auf den Weg bekommen haben, vorsichtig zurück, weil sie wissen, welch unabsehbare Folgen das Spiel mit dem Feuer haben kann.

Eine starke Verstimmung blieb zurück, die letztlich durch die Unklarheiten in der Scheidung der Machtsphären verursacht wurde. So ging denn Perikles daran, an einer anderen kritischen Stelle reinen Tisch zu machen: die Stadt Poteidaia gehörte zwar dem Seebund an, unterstand aber seit mehr als hundert Jahren einer leitenden Behörde, die alljährlich aus Korinth geschickt wurde. Athen forderte nun 432 ultimativ die Ausschaltung des korinthischen Einflusses, woraus sich der Abfall der Stadt und alsbald auch Kampfhandlungen ergaben, in denen sich die Athener erst 429 gegen die Bewohner der Halbinsel, gegen die Verstärkungen aus Korinth und den unzuverlässigen Makedonenkönig Perdikkas siegreich durchsetzen konnten.

Noch durfte man dies als Privatkrieg zwischen Athen und Korinth bezeichnen, der den allgemeinen Friedenszustand zwar belastete, doch nicht grundsätzlich aufhob. Auch der nächste Schachzug Athens, das dem Handel der Korinth benachbarten und befreundeten Stadt Megara alle Häfen des Seebunds sperrte, ist ähnlich zu werten, als Versuch, hart an der Grenze des gerade noch Tragbaren operierend die eigene Ausgangsposition zu verbessern. Dies konnten und wollten die Korinther nicht länger dulden. Sie brachten auf einer Tagfahrt des Peloponnesischen Bundes in Sparta alle ihre Gravamina gegen Athen zur Sprache, erreichten durch massive Drohung einen Beschluß der spartanischen Apella, daß Athen die Verträge gebrochen habe, und einige Zeit später einen Mehrheitsbeschluß der Bundesversammlung für den Krieg. Noch waren die bedächtigen Lakedämonier damit nicht in den Waffengang gedrängt, den ganzen Winter 432/1 liefen Verhandlungen zwischen Athen und Sparta, freilich, wie die überspannt hohen Forderungen nach Sühne und Zurücknahme der letzten Maßnahmen zeigen, mehr um sich selbst zu beruhigen und an den ungeheuerlichen Gedanken des gemeingriechischen Krieges zu gewöhnen. Den Schlußpunkt setzten jene drei Spartiaten, die in der athenischen Ekklesie die ihnen angemessene lakonische Rede hielten: ‚Die Lakedaimonier wollen den Frieden. Bedingung: wenn Ihr den Hellenen die Autonomie wiedergebt.‘ (Thuk. 1, 139, 3) Das diplomatische Ringen endete damit unentschieden: die Gegner Athens mußten zwar das Odium der Kriegserklärung auf sich nehmen, doch ihr letztes Wort, so sollte es sich erweisen, war die stärkste Propagandawaffe der Zeit.

So hatte man denn den Krieg, aber noch fehlte, nach dem Willen des Perikles, der Kriegsschauplatz. Sein strategischer Plan stellte die unbedingte Überlegenheit des spartanisch-peloponnesischen Landheers und die ebenso unbestrittene Überlegenheit der attischen Seemacht in Rechnung: Attika wurde dem Feind überlassen; wenn der Spartaner ins Land einfiel – und König Archidamos kam in der Tat fast jeden Sommer über den Isthmos –, zog sich die Bevölkerung hinter die Langen Mauern zurück und biwakierte vier oder fünf Wochen lang auf dem Areal des gewaltigen athenischen Festungsbezirks; der Gegenschlag sollte ebenso regelmäßig durch die Flotte erfolgen, Landeunternehmen, Brückenköpfe je nach Lage an den Küsten des Feindeslands, tiefe, schwer abzuwehrende Stiche in den verwundbaren Leib des Gegners. Diese strategische Konzeption war in ihrem Wesen defensiv, Selbstbehauptung unter Opfern, und anders kann auch die politische Konzeption, das Kriegsziel, nicht gewesen sein, die für Perikles am Ende der Feindseligkeiten stand. Diese Strategie rechnete offensichtlich auch nicht mit allzu langer Dauer des Krieges, denn sie konnte nur schwer tiefergreifenden Strukturverschiebungen begegnen: stärkeren Auflösungstendenzen des Bundes, Versorgungsschwierigkeiten auf athenischer Seite, weiträumigen, über den Sommer hinausdauernden Operationen oder der Aufstellung einer schlagkräftigen Flotte auf der der Spartaner.

Das erste Kriegsjahr verlief nach Programm – an seinem

Ende hielt Perikles die berühmte Rede auf die Gefallenen, wie wir sie bei Thukydides (2, 35–46) lesen, ein von Stolz erfülltes Preislied auf die Größe Athens und seine Demokratie –, im zweiten Kriegsjahr, 430, kam die Pest[1]. Sie warf alle Vorausberechnungen über den Haufen; nicht nur, daß sie in vier Jahren die während der Evakuierung des Landes zusammengepferchte, für Infektionen besonders anfällige Bevölkerung um ein volles Drittel verminderte – die Hilflosigkeit schlug die Menschen mit tiefer Depression, der Krieg erschien ihnen beim ersten Befall als Frevel, denn der Feind blieb offensichtlich verschont, sie schickten nach Sparta um Frieden, zogen Perikles vor Gericht und zerstörten in anarchischer Stimmung sein Prestige.

Die hochmütige Abweisung durch den Gegner brachte die Athener wieder zur Besinnung. 429 wurde der abgesetzte Perikles abermals zum Strategen gewählt. Doch was nützte es? Nach wenigen Monaten wurde der große Bürger selbst das Opfer der Seuche, der Krieg mußte wohl oder übel auch ohne ihn weitergehen. Und auch das Volk mußte irgendwer leiten. Wie so viele bedeutende Politiker der Weltgeschichte hatte es Perikles verabsäumt, zur rechten Zeit einen Nachfolger und Erben seiner Stellung vorzusehen; er war die letzte überragende Autorität, und auch der letzte Aristokrat, der das Schicksal Athens bestimmte. Der Stratege Nikias, ein ehrenwerter Mann, hatte wenig Profil, und so traten mit dem Gerbermeister Kleon und dem Lampenfabrikanten Hyperbolos ‚Kapitalisten' in der Maske des Biedermanns aus dem Volke während des nächsten Dezenniums in den Vorder-

[1] Trotz der prägnanten, durchaus pragmatisch gedachten Schilderung Thuk. 2, 47–54 ist die Seuche nicht eindeutig diagnostiziert. Das oft geäußerte argumentum ex silentio, daß das Altertum die (Beulen- und) Lungenpest nicht gekannt habe, ist allerdings nicht stichhaltig, vgl. 1. Sam. 5, 6 ff. und dazu J. Thorwald, Macht u. Geheimnis der frühen Ärzte, München 1962, 134 ff.

grund. Ihre derben Kraftnaturen imponierten dem Volk, boten der politischen Komödie prachtvollen Stoff und breite Angriffsflächen, doch dies kann nicht darüber hinwegtäuschen, daß durch ihre Mittelmäßigkeit die athenische Politik rasch an Substanz und Konsequenz verlor.

Der Eindruck der Pest lähmte die Kriegshandlungen des Jahres 429. Der Fall Poteidaias brachte Athen nur wenig Entlastung, aber die athenische Flotte hielt die Peloponnes eisern umklammert, kontrollierte vom Stützpunkt Naupaktos aus nach wie vor den Korinthischen Golf und blockierte die Handelswege des Gegners. Und König Archidamos erschien in den nächsten Sommern wieder in Attika, verwüstete das Land, sofern es noch etwas zu verwüsten gab. Allmählich trat der Krieg in ein Stadium, in dem es nur mehr Besiegte, keinen Sieger geben konnte. Dies mußte den Einsichtigen klar sein, aber die Einsichtigen haben nie das Wort, wo sich die Radikalen in Ideologien verbeißen. So kam es zu letzter Anspannung der Kräfte, zu Verhärtung und Grausamkeiten. Das Jahr 427 stellt in dieser Hinsicht einen Höhepunkt dar, nach den Schilderungen des Thukydides scheint es, als habe ganz Griechenland ein Blutrausch gepackt. Die Athener hatten mit der Insel Lesbos ihre Not, die abgefallen war; als die Stadt Mytilene nach hartnäckigem Widerstand kapitulierte, beschloß die athenische Volksversammlung kurzerhand, alle Männer seien hinzurichten, Frauen und Kinder zu versklaven, und erst im dramatischen Wettlauf mit der Zeit setzte sich ein späterer, ‚milderer‘ Beschluß durch, der sich mit der Enthauptung von tausend Bürgern und schweren politischen, militärischen und wirtschaftlichen Auflagen begnügte, die die Selbständigkeit der Insel praktisch vernichteten. Die Spartaner standen nicht zurück, es paßte nicht mehr zum Stil des Krieges, Gefangene zu machen: sie nahmen Plataä und verfuhren mit der Stadt, wie es die Athener ursprünglich mit Mytilene geplant hatten; Plataä, das einst am Ruhm von Marathon teilhatte, wurde buchstäblich bis zum letzten Stein vernichtet. In Kerkyra aber, das an der Peripherie des Operationsgebiets lag, besorgten die Einwohner im Amoklauf der nach den Großen ausgerichteten Parteien das grauenvolle Werk der Selbstzerfleischung[2]. Es wäre vergleichsweise belanglos, daß hier schließlich die Demokraten obsiegten, wenn dies nicht den Athenern ein Unternehmen erleichtert hätte, das in den zahllosen Einzelaktionen der Kriegsgeschichte jener Jahre stärker profiliert und zugleich von zukunftsträchtiger Bedeutung war.

Gegen Ende des Jahres 427 erschien ein athenisches Flottenkontingent in den sizilischen Gewässern, um einer gegen Syrakus und seine Verbündeten gerichteten Koalition den Rücken zu stärken. Dem Unternehmen, in dessen Verlauf die Athener unter anderem ihr Bündnis mit der Stadt Segesta erneuerten, war zwar kein nachhaltiger Erfolg beschieden, denn die Sikelioten besannen sich auf ihre westgriechische Besonderheit, fanden im Jahre 424 zu einer Einigung und schickten die Athener wieder nach Hause, aber ungewollt hatten sie diesen im Jahr zuvor einen großen Sieg beschert.

Auf der Fahrt nach Sizilien ging nämlich der athenische Stratege Demosthenes im Frühjahr 425 an der Westküste der Peloponnes in der Bucht von Pylos vor Anker. Die Spartaner, die um jeden Preis eine Aufwiegelung der Messenier vermeiden mußten, suchten ihn zu verdrängen, ihn zu umfassen, und gerieten dabei durch ein Überraschungsmanöver der Athener in eine Falle, die einen Teil des spartanischen Aufgebots auf der kleinen, vorgelagerten Insel Sphakteria zernieren konnten. Sparta, von einem Verlust von mehr als hundert seiner Vollbürger bedroht, suchte um Waffenstillstand und Friedensverhandlungen nach, und auch in Athen

[2] An diese Ereignisse knüpft Thukydides 3, 82 f. seinen klassischen Essay über das Wesen des Krieges und die durch ihn hervorgerufene Depravation des Nationalcharakters.

mehrten sich die Stimmen der Vernunft, die sich auf Verhandlungen einlassen wollten. Doch in der athenischen Ekklesie hatte der Demagoge Kleon jetzt das große Wort. Er verwarf das Angebot, er kritisierte die eigenen Militärs wegen der schleppenden Kriegführung, ja er ließ sich in einer tumultuarischen Szene selbst das Kommando aufnötigen, mußte wohl oder übel gegen Pylos ausfahren – und brachte es tatsächlich zuwege, nach wenigen Wochen mit den gefangenen Spartanern wieder nach Athen zurückzukehren. Kleon wußte das neugewonnene Prestige tatkräftig zu nutzen, indem er eine Erhöhung der Tributzahlungen der attischen Bündner um mehr als das Doppelte durchsetzte, teils um den Krieg zu finanzieren, teils um seinen Anhang durch eine Erhöhung der Geschworenendiäten zufrieden zu stellen. Und als die Athener zu Anfang des folgenden Jahres vor den Toren Lakoniens die Insel Kythera besetzten, schien die Entmutigung des Gegners, das Ende des Krieges, wie es einst Perikles vorschwebte, greifbar nahe zu sein.

Da trat eine Wende ein, bezeichnenderweise durch Ereignisse, die der perikleische Kriegsplan nicht einkalkuliert hatte. Die Athener ließen sich, von bötischen Emigranten verleitet, auf eine Landschlacht ein und erlagen bei Delion, hart an der attischen Grenze, der schiefen Schlachtordnung der Thebaner und ihres Bundes. Doch diese katastrophale Niederlage wog leicht gegenüber dem Schaden, den Brasidas den Athenern tat, der Spartaner Brasidas, die einzig makellose Heldengestalt dieses Krieges. Brasidas hatte mit einem bunt gewürfelten Haufen von Söldnern und Heiloten ganz Griechenland durchzogen und begann jetzt, im Winter 424/23, damit, die Städte auf der Chalkidike und an der südthrakischen Küste dem Seebund abzuwerben, womit er die Stellung Athens an einem entscheidenden Punkt gleichsam vom Rücken her aufrollte. Seine soldatische Erscheinung, seine in jenen Zeiten ungewohnte Milde und Menschlichkeit hatten ungeahnten Erfolg, sogar die athenische Kolonie Amphipolis an der Struma fiel ihm zu. Da trat ihm der Amateurstratege Kleon entgegen, hatte mit der neu gewonnenen Unterstützung Makedoniens einige Anfangserfolge, während zwischen Athen und Sparta Verhandlungen über die Beilegung des Krieges hin und her gingen, der nur mehr die Sache zweier Männer war. Die Entscheidung fiel im Sommer 422 unter den Mauern von Amphipolis: die Athener wurden im Handstreich überfallen, sie verloren 600 Mann, darunter Kleon, die Männer des Brasidas zählten nur sieben Tote, darunter den Feldherrn.

Damit war endlich der Weg für jene Verständigung vom April 421 frei, die der Faule Frieden oder der des Nikias heißt. Auf fünfzig Jahre sollte er durch zahlreiche Einzelregelungen das Kräfteverhältnis und annähernd auch den Besitzstand von 431 für beide Seiten sicherstellen. Athen durfte zufrieden sein, auch wenn es die Unzufriedenen, denen die günstige Lage von 425/24 vor Augen schwebte, nicht wahrhaben wollten, denn Sparta hatte sein erklärtes Ziel, die Autonomie der Hellenen und damit das Ende des Attischen Seebunds, nicht erreicht, und außerdem gewann man Zeit, die Wunden zu heilen, den zerbröckelnden Bund zu kitten, das verwüstete Attika wieder aufzubauen. Wesentlich schwieriger war Spartas Lage. Die Peloponnesier äußerten offen ihren Unmut über einen Frieden, der ihnen nicht das geringste einbrachte, ja die unermüdlichen Korinther mobilisierten die öffentliche Meinung der Peloponnes gegen den bisherigen Hegemon und schlossen sich mit Argos, das den Ablauf seines dreißigjährigen Waffenstillstands mit Sparta korrekt abgewartet hatte, zu einer antispartanischen Liga zusammen. Viel hing jetzt davon ab, wie sich Athen verhalten würde.

Obwohl dem Frieden nach wenigen Wochen ein Defensivbündnis zwischen Athen und Sparta folgte, waren die Beziehungen zwischen den beiden Hauptkontrahenten des Archidamischen Krieges nicht ungetrübt. Die zehn Jahre der

Feindschaft und Verbitterung hatten zu viele Ressentiments aufgestaut, als daß man sich jetzt mit ganzem Herzen in die neue Konstellation gefunden hätte. Die Restituierung des Eroberten, vor allem Amphipolis hier, Kythera dort, wurde hintertrieben, in Athen gewannen gefährliche radikale Tendenzen erneut die Oberhand. Doch nicht der primitive Hyperbolos, der eigentliche Erbe Kleons, wurde zum Schicksal Athens, sondern ein neuer, strahlender Stern, Alkibiades, der Neffe des Perikles. In diesem einen Manne, den das athenische Volk süchtig liebte wie ein Gift, dessen zerstörerische Wirkung allbekannt ist, verkörperte sich eine neue Zeit. Mit seinen Vorzügen und Schwächen war Alkibiades so sehr das fleischgewordene Wunschbild des Athenertums, daß es ihm möglich war, die Polis gleichsam von innen her aufzusprengen, in einer vom Gemeinschaftswollen und Gemeinschaftshandeln gefügten Ordnung Wohl und Wehe des Einzelnen mit dem der Gesamtheit gleichzusetzen.

Alkibiades stand als Drahtzieher hinter dem Kalten Krieg, den Athen jetzt zur völligen Einschnürung Spartas begann: seine Politik drängte sich in die innerpeloponnesischen Auseinandersetzungen ein – mit dem Erfolg, daß das ihm auf den Tod verfeindete Korinth erneut die Seiten wechselte und die so geschwächte Koalition 418 auf dem Schlachtfeld von Mantineia dem spartanischen Heerbann und seinen letzten Verbündeten unterlag; damit war der Peloponnesische Bund neu gefügt, die alten Fronten waren wiederhergestellt. Alkibiades sah sich daraufhin durch den Ostrakismos bedroht, den letzten, den die Geschichte Athens aufweisen sollte; er wußte ihn mit leichter Hand zu überspielen, so daß das Urteil des Volkes Hyperbolos traf, nicht den, der eigentlich gemeint war. In ein und demselben Jahre 416 begeisterte Alkibiades Athen durch den größten Olympiasieg aller Zeiten, da er sieben Gespanne laufen ließ, den Sieg und zwei Plätze heimbrachte, bei Euripides den Siegeschor bestellte – und zeichnete dafür verantwortlich, daß mitten im Frieden die kleine

Insel Melos, die auf ihrer Neutralität beharrte, überfallen wurde; nach den Gepflogenheiten des jüngsten Krieges wurden sämtliche Männer massakriert, Frauen und Kinder verkauft, Athen gewann eine Wüste und Alkibiades, wie Plutarch erzählt, aus der Beute eine neue Geliebte[3]. Vor allem aber wurde Alkibiades zum Urheber des größten und folgenschwersten Unternehmens der athenischen Geschichte, des sizilischen Abenteuers.

Daß mitten in einem erneut auflebenden innersizilischen Streit die Stadt Segesta ein Hilfsgesuch an Athen richtete, war an sich weder ungewöhnlich noch von Belang. Folgenschwer wurde die Sache erst durch das, was beide, Alkibiades und Athen, aus ihr machten. Sie erträumten sich den Gewinn eines Westreichs und versprachen sich goldene Berge. Im April 415 war das sizilische Unternehmen beschlossen, im Hochsommer fuhr nach sorgfältigen Vorbereitungen – Prunk und Feierlichkeit übertönten das schwelende Unbehagen des Abschieds – eine Flotte aus, wie sie die griechische Welt bis dahin noch nicht gesehen hatte. 136 Kriegsschiffe und mehr als 5000 Hopliten bildeten den Kern der Armada, die vom Sammelpunkt Kerkyra aus ihren Weg die italische Küste entlang nach Sizilien nahm.

Alkibiades, der die Invasionsflotte zusammen mit seinem Gegenspieler Nikias und mit Lamachos befehligte, hatte dies alles natürlich nicht ohne Widerstände durchgesetzt. Seine Gegner waren freilich nicht in der Lage, ihn in öffentlicher Diskussion zu überwinden, darum überhäuften sie ihn unmittelbar vor der Ausfahrt und erst recht nachher, als sich der Abwesende nicht mehr zur Wehr setzen konnte, mit

[3] Im Zusammenhang mit diesen Ereignissen gibt Thukydides an zentraler Stelle seines Werkes (5, 85–113) in dem berühmten ‚Melierdialog‘ ein klassisches ‚Stück Physiologie und Pathologie der Macht‘ (A. Lesky), eine Analyse von letzter, brutalster Offenheit.

persönlichen Invektiven und Anklagen[4], in der richtigen Erkenntnis, daß in der Demokratie der Mann erledigt ist, den die öffentliche Meinung moralisch verurteilt. So erschien bei der Flotte in Sizilien, bevor dort noch ein einheitlicher Operationsplan entworfen war, die athenische Staatsgaleere Salaminia, um den verantwortlichen Feldherrn vor seine heimischen Richter zu rufen. Alkibiades gehorchte, doch auf der Rückfahrt besann er sich anders, entfloh und gelangte über Elis nach Sparta.

Er kam gerade zurecht, um nicht nur zum Hochverräter, sondern auch zum Totengräber Athens zu werden. Die Spartaner bedachten soeben die Unterstützung der Stadt Syrakus, die sich durch die Invasion am stärksten bedroht fühlte. Da wies ihnen Alkibiades den Weg, indem er ihnen die athenischen Weltmachtträume von Italien und Karthago ausmalte, ihnen die Notwendigkeit und die Möglichkeit des Eingreifens aufzeigte. Den Syrakusanern fehlte es nicht an materiellen Mitteln und auch nicht an moralischer Kraft zum Widerstand, der in dem energischen Hermokrates einen beredten Anwalt fand; militärische Organisation und militärische Erfahrungen taten not. So fuhr denn auf den Rat des Atheners ein einziger Spartiate aus, Gylippos, des Kleandridas Sohn, um die größte Stadt Siziliens zu retten, und erreichte sie glücklich mit Hilfe der Korinther und anderer Freunde, bevor noch die Athener, die die Belagerung im Mai 414 mit raschen Fortschritten begonnen hatten, ihre Einschließung

[4] Die vermutlich von oligarchischen Opponenten eingefädelten Intrigen, die in Athen die Wogen der Erregung hochschlagen ließen und auch Opfer forderten, ein Meisterstück der Psychologie, schätzten die Persönlichkeit des Alkibiades ebenso richtig ein wie die Reaktion der Masse. Hauptpunkte der niemals eindeutig geklärten Anschuldigungen waren der bekannte Hermenfrevel, die Demolierung der Bildsäulen in den Straßen der Stadt durch späte Zecher, sowie eine angebliche Parodierung der heiligen Mysterien von Eleusis in geschlossener Gesellschaft.

vollenden konnten. Was dieser eine Mann Gylippos, dessen Bild viele Jahre später durch Habgier und Veruntreuungen getrübt werden sollte, in den sechzehn Monaten der Belagerung vollbrachte, zählt zu den größten Leistungen der antiken Kriegsgeschichte. Er verhinderte die Einschließung, sprengte den Belagerungsring auf, schnürte den Aktionsradius der athenischen Flotte ein und machte endlich die Athener, obwohl sie noch zweimal Verstärkungen erhalten hatten, aus Belagerern zu Belagerten. In einem Akt der Verzweiflung, dem Uneinigkeit der Feldherren und verderbliches Zögern vorausgegangen waren, gaben die Athener schließlich ihre letzten Schiffe preis und suchten einen Ausweg nach Süden, der in Panik ausartete. Von den Feinden gestellt, kapitulierten sie, die Strategen Nikias und Demosthenes starben, gegen den Willen des Gylippos, durch den Henker; der Rest des athenischen Heeres, mindestens 7000 Mann nach Angabe des Thukydides, verschwand in den Steinbrüchen von Syrakus.

Noch vor dieser Katastrophe, die die attische Macht bis in die Grundfesten erschütterte und die ganze Welt erregte, war Athen erneut in den Krieg mit Sparta hineingeglitten. Verärgert über athenische Raubzüge und Friedensverletzungen auf der Peloponnes, rüsteten die Spartaner bereits im Winter 414/13, um abermals einem Vorschlag ihres nun schon bewährten Ratgebers Alkibiades zu folgen: im Frühjahr zog König Agis aus und besetzte in Attika den festen Platz Dekeleia, den er in den folgenden neun Jahren, die der Krieg noch währen sollte, nicht mehr aus der Hand gab[5].

[5] Danach nannte man den Krieg der Jahre 413—404 den Dekeleischen, eine Bezeichnung, die noch unglücklicher ist als die für das Jahrzehnt des ersten Krieges, der der Archidamische heißt. Beide Benennungen zeigen nur den vergleichsweise engen Horizont der belagerten Festung Athen und gehen an entscheidenden geschichtlichen Faktoren vorbei.

Zu Ende des Jahres 413 war die Situation Athens verzweifelt. Man hatte schwerste Verluste an Menschen, Material und Geldmitteln erlitten und dafür nur den alten Krieg in einer neuen, wesentlich gefährlicheren Form eingetauscht. Die Dauerbedrohung durch die Spartaner in Dekeleia war mehr als lästig, die Landwirtschaft lag nun völlig darnieder, desgleichen die Ausbeutung der attischen Silbergruben, die Bevölkerung blieb auf Jahre hinaus zwischen die Mauern gepfercht. Der Attische Seebund zerfiel, die stärksten und reichsten Bündner waren jetzt die ersten, die Athen eine Absage erteilten. So gingen die Einnahmen rapide zurück, obwohl man das alte Tributsystem durch einen fünfprozentigen Hafenzoll ablöste. Der Finanzknappheit, die dazu nötigte, die letzten Reserven anzugreifen, folgten Schwierigkeiten in der Getreideversorgung, weil es nicht mehr gelang, die Meerengen offen zu halten. Und um das Unglück voll zu machen, wurde das persische Reich aktiv, Dareios II. (424–404) erhob Anspruch auf seine Griechenstädte in Kleinasien. Unter diesen Belastungen schien der rasche Zusammenbruch Athens unvermeidlich. Aber die angeschlagene Stadt entfaltete eine bewunderswerte Kraft und Zähigkeit, einen Lebenswillen und eine Energie, die bei besserer Selbstkontrolle vielleicht sogar zur Rettung ausgereicht hätten, infolge von Inkonsequenz und übereifrigen Fehlurteilen aber zu einem langsamen Hinsterben der attischen Macht führten, das nur um so qualvoller werden sollte.

Zunächst einmal suchte man angesichts der sizilischen Katastrophe nach dem Schuldigen und fand ihn, wie so oft in vergleichbaren geschichtlichen Konstellationen, im System. Offensichtlich hatte die radikale Demokratie versagt, und die oligarchisch gesinnte Opposition, die das schon immer behauptet hatte, durfte in der allgemeinen Ratlosigkeit ihre Stimme laut erheben. Drei Jahre lang war die innere Geschichte Athens Experimentierfeld von Verfassungstheoretikern oligarchischer Tendenz. Schon 413 entstand eine neue

Oberbehörde von zehn Probulen, die durch Wahl, nicht durch das Los bestimmt wurden. Dann folgte 411 in einem turbulenten Sommer die Einsetzung einer neuen Verfassungskommission, die ihre Arbeit kaum in Angriff genommen hatte, als sie auch schon durch neue Beschlüsse überholt war, die den Versorgungsstaat beseitigten, die Bürgerzahl rigoros auf 5000 beschränkten und den Staat praktisch der Diktatur eines gewählten Rates der 400 auslieferten. Dieser Rat wurde seinerseits, durch Kollaboration mit den Spartanern und durch den Verlust von Euböa und Byzanz diskreditiert, von einer direkten, im Kurs etwas gemäßigteren Regierung der 5000 abgelöst, bis die Entwicklung im Sommer 410 wieder in die Bahn der alten Demokratie zurückglitt.

Dies alles vollzog sich nicht ohne starke Einwirkungen von außen. Eine wichtige Rolle spielte die athenische Flotte, die während jener Zeit ihre Operationsbasis auf der Insel Samos hatte: ihr Oberkommando, in dem der unerschütterliche Demokrat Thrasybul die profilierteste Persönlichkeit war, machte den Systemwechsel nicht mit. Vor allem aber gelang es dem verbannten Alkibiades von Tag zu Tag besser, seinen Einfluß aus der Ferne wirken zu lassen. Alkibiades war längst nicht mehr in Sparta. Eine Schlafzimmergeschichte, bei der König Agis eine Rolle spielte, die der seines mythischen Vorgängers Menelaos bedenklich ähnelte, hatte es ihm geraten erscheinen lassen, sein Tätigkeitsfeld zu verlegen. Er förderte nach Kräften den neuen Stil der spartanischen Kriegführung, die den Flottenbau forcierte und dazu der finanziellen Unterstützung des Großkönigs bedurfte, fuhr nach Kleinasien, brachte hier Milet und andere Städte zum Abfall von Athen und vermittelte den ersten Vertrag zwischen Sparta und dem persischen Satrapen Tissaphernes. Hier bereitete er die Rückkehr in die alte Heimat vor.

In Sardeis war Alkibiades gern gesehen, bot er doch dem Perser die Möglichkeit, den Krieg der Griechen gegen Griechen nach Belieben zu verlängern. Aber er trieb sein eigenes

Spiel. Mit dem lockenden Versprechen eines Vertrages mit dem Großkönig stützte er zunächst die athenischen Oligarchen, dann aber, als diese Seifenblase geplatzt war, weil die Spartaner noch weitere Verträge mit dem persischen Satrapen abschließen konnten, schwenkte er auf den demokratischen Kurs der Flotte ein, gewann sie, immer noch mit seinen persönlichen Beziehungen zu Tissaphernes operierend, für sich und wurde im Sommer 411, was er 415 gewesen war, athenischer Stratege.

Wie überall setzte Alkibiades auch hier seine ganze mitreißende Persönlichkeit ein. Nach schwierigen, zum Teil sehr verlustreichen Unternehmungen stellte er die peloponnesische Flotte in den Meerengen und vernichtete sie in der Seeschlacht von Kyzikos (410). Mit einem Schlage hatte da Athen die Durchfahrt ins Schwarze Meer wieder frei, ja binnen kurzem auch einen Waffenstillstand mit dem Satrapen Pharnabazos von Phrygien, während Sparta, durch den Rückschlag rasch wieder entmutigt, Friedensfühler ausstreckte. Aber in Athen hatte die demokratische Restauration sogleich wieder den Erzdemokraten mit dem gesunden Hausverstand, die leibhafte Verkörperung des Volksgeistes, emporgebracht, diesmal einen Mann namens Kleophon, einen Instrumentenmacher. Der verwarf das Angebot, und wenig später fügte er den letzten Stein in das Gebäude des demokratischen Sozialstaats, indem er die Diobelie einführte, die staatliche Rente für alle unbemittelten und unbeamteten Bürger.

Der Held des Tages hieß jedoch Alkibiades. Seine Heimkehr im Jahre 408 war ein Triumph ohnegleichen, ein letztes stolzes Fest der athenischen Demokratie. Alles war vergessen und verziehen, Freispruch, Entschädigung und ein unumschränktes Oberkommando fielen dem verlorenen Sohn wie selbstverständlich zu. Und als er zu neuen Taten ausfuhr, geleiteten ihn die höchsten Erwartungen Athens.

Dieses Jahr 408 ist wie ein letztes tiefes Atemholen vor der endgültigen Entscheidung. Auch Sparta fand jetzt die große, die durchschlagende Persönlichkeit, die die nächsten

Jahre beherrschte: Lysander, in dem Genialität und Selbstbewußtsein mit spartanischer Zucht und Lauterkeit eine gefährlich wirkungsmächtige Verbindung eingingen. Lysander wußte die persische Politik von der Notwendigkeit eines raschen spartanischen Sieges zu überzeugen, er gewann Einfluß auf den neuen Repräsentanten des Großkönigs im Westen, den knabenhaften Prinzen Kyros, und auch in vielen Städten erwarb er sich zuverlässige Freunde, indem er überall, wo er es vermochte, oligarchische Zehnerkommissionen, die Dekarchien, an die Macht brachte. Im Jahr seines Seekommandos – die spartanische Nauarchie konnte grundsätzlich nur einmal bekleidet werden – erfocht er nur einen bescheidenen Sieg über den Steuermann des Alkibiades (Schlacht bei Notion, 407), der indes ausreichte, die Stimmung in Athen gegen den an der Niederlage völlig unschuldigen Alkibiades umschlagen zu lassen, so daß er seines Oberkommandos entsetzt wurde und endgültig aus dem politischen Spiel verschwand. Im nächsten Jahre mußte Lysander mit ansehen, wie sein Nachfolger in den Gewässern von Lesbos den Athenern erlag[6], doch dies hatte zur Folge, daß er auf Betreiben aller Spartanerfreunde erneut mit der faktischen Leitung des Seekriegs betraut wurde. Damit war das Ende des Krieges gekommen: in den Dardanellen belauerten sich die feindlichen Flotten gegenseitig, und Lysander hatte die besseren Nerven. Als die Athener für einen

[6] Die Schlacht bei den Arginusen hatte keine ausschlaggebende strategische Bedeutung, dazu waren die Verluste auf beiden Seiten zu hoch. Ihre Berühmtheit erlangte sie durch das Nachspiel, das die radikalen Demokraten auf dem Höhepunkt ihrer Torheit und Verblendung zeigte: die siegreichen Strategen wurden bekanntlich durch die Volksversammlung zum Tode verurteilt, weil sie infolge des Sturmes die Schiffbrüchigen nicht hatten retten können. Zu allem Überfluß hatte Kleophon abermals ein spartanisches Friedensangebot, das letzte, ablehnen lassen.

Augenblick unachtsam geworden waren[7], überfiel er sie am Strande bei den Ziegenflüssen, nahm ihnen ihre letzten Triëren, 170 an der Zahl, und kreuzte noch im selben Herbst 405 vor der attischen Küste auf, um die jetzt wehrlose Stadt durch eine Seeblockade gefügig zu machen. Zu Lande und zu Wasser eingeschlossen, hungerten sich die Athener durch einen langen Winter, voll Furcht über ihre Zukunft, hatte doch Lysander noch nach seinem Sieg mehrere Tausend Gefangene hinrichten lassen. Aber die spartanische Regierung gab dem Drängen der Erzfeinde Korinth und Theben nicht nach, die die völlige Vernichtung der gefürchteten Stadt verlangt hatten; nach längeren Verhandlungen mit dem wendigen Theramenes, der in Athen seit der oligarchischen Episode von 411 eine führende, wenn auch nicht immer glückliche Rolle spielte, kam es im April 404 zur Kapitulation unter den von Sparta diktierten Bedingungen: Schleifung der Piräusbefestigung und der Langen Mauern, Beschränkung der Kriegsflotte auf ganze zwölf Schiffe und Verlust des Herrschaftsgebiets. ‚Und dann fuhr Lysander in den Piräus ein, die Flüchtlinge kehrten zurück, und mit Feuereifer riß man unter Flötenspiel die Mauern ein, in dem Glauben, mit diesem Tage beginne für Griechenland die Freiheit.‘[8]

Der Krieg war zu Ende, aber irgendwie mußte es nun weitergehen. Die schönen Ideale von der Freiheit, von der Polisautonomie schienen den Griechen nun in greifbarer Nähe,

[7] Noch einmal taucht hier der gespenstige Schatten des Alkibiades auf, wie er von seiner nahen Burg an das Schiffslager heranritt und die Athener vergeblich vor der Gefährlichkeit des Lysander warnte; kurz darauf flüchtete er zu dem Satrapen Pharnabazos, der ihn schließlich auf Betreiben Lysanders ermorden ließ.

[8] Xenophon, Hellenika 1, 2, 23. Die Griechische Geschichte des athenischen Aristokraten, Spartanerfreunds und Sokratesschülers Xenophon, die die Jahre 411–362 umfaßt, hat nur wenig von der historischen Zuverlässigkeit und der analytischen Kraft des Thukydides, den sie fortsetzt.

nachdem die athenische Zwingherrschaft gefallen war. Doch genügte das? Waren sie noch kraftvoll genug, das Leben zu gestalten? Es konnte für den, der Bilanz zog, kein Zweifel darüber bestehen, daß Griechenland durch den Peloponnesischen Krieg entscheidend geschwächt worden war. Das lag nicht an den ungeheuren, zum Teil sinnlos grausamen Menschenverlusten, denn es zeigte sich bald, daß dieser Krieg, wie so viele in der Geschichte, das Bevölkerungswachstum nicht nachhaltig beeinflußte. Auch die materiellen Schäden ließen sich erstaunlich rasch ausgleichen, die nächste Generation lebte vielleicht etwas bescheidener als ihre Väter unter den Sonderbedingungen des perikleischen Athen, doch war Griechenland noch weit von der Verelendung späterer Jahrhunderte entfernt. Bedeutsamer war, daß die Selbstzerfleischung der Griechen die Begehrlichkeit der alten Feinde geweckt hatte, der Perser, die sich nun durch ein Minimum an Engagement die kleinasiatischen Griechen zurückgewinnen wollten, und nicht minder der Karthager, die seit 409 wieder aktiv wurden und den starken Mann Siziliens, Dionysios von Syrakus (405–367) ein Leben lang beschäftigten. Der wirkliche Verlierer des Krieges war indessen die griechische Polis, die durch die langdauernde unlösbare Verflechtung in militärische Bündnisse, durch die Orientierung des innerpolitischen Kräftespiels nach den großen Fronten des nationalen Bruderkriegs, und auch durch die Sprengwirkung der überragenden Persönlichkeiten vom Schlage eines Alkibiades und Lysander geschwächt worden war. Darum nahm in den folgenden Jahrzehnten die Abwendung von der Polis immer stärkere Ausmaße an, sei es nach innen, in der Form einer Privatisierung des bürgerlichen Daseins, oder nach außen, in Gestalt des griechischen Söldners und Abenteurers, der überall in der Welt zu finden war wie einst in der ausgehenden Adelszeit, doch auch des Seemanns, Reisenden, Kaufmanns, der lange vor Alexander jene Ostbewegung des Griechentums vorbereitete, die ein wesentliches Kennzeichen der hellenistischen Zeit ist.

Wo aber Freiheit und Autonomie nicht mehr als notwendiges Lebenselement empfunden werden, sind sie nicht viel mehr als eine schöne Umschreibung des Sekuritätsbedürfnisses, des Verlangens nach einer Sicherheit, die wohl oder übel der Organisation im politischen Raum bedarf. So stand man denn sogleich 404 vor der Frage, was denn an die Stelle des Attischen Seebundes treten solle, der immerhin den Griechen die Perser vom Leibe gehalten hatte und obendrein so mancher kleinen Polis in langen Jahrzehnten zur lieben Gewohnheit geworden war. Konnte Sparta an die Stelle des entmachteten Athen treten? Ein Staat mit einer erzkonservativen, festländisch kleinräumigen Ordnung, dessen wenig bewegliche Führungsschicht nun kaum mehr als zweitausend Vollspartiaten zählte?

Zunächst glaubte Lysander die Nachkriegssituation leicht meistern zu können. Seine Autorität war in griechischen Landen nach dem Fall Athens so unbestritten, daß die Verehrung, die man vor allem in ehemaligen Seebundstädten für ihn hegte, gelegentlich sogar kultische Formen annahm. So konnte er sein System der grobschlächtigen Improvisationen fortsetzen, die mit Hilfe befreundeter Oligarchen und, wo es nottat, durch ein Besatzungsregime, in dem sich hochfahrende spartanische Kommandanten rasch unbeliebt machten, die Gleichschaltung der griechischen Welt anstrebten.

Die fünfzehn wirren Monate der letzten Oligarchie seiner Geschichte, die Athen 404/03 erlebte, sind nur ein Beispiel, wenn auch das bekannteste, in dieser Reihe. Eine neu gewählte Verfassungskommission, die ‚Dreißig Tyrannen', wie sie später genannt wurden, an ihrer Spitze Theramenes, der bald das Opfer seiner Freunde wurde, und der sophistisch gebildete, literarisch bedeutsame Kritias, nützte ihre unumschränkte Stellung zu einem Blutregiment, das angeblich 1500 Bürgern das Leben kostete. Doch der bewährte Feldherr Thrasybul ergriff von Böotien her mit einem rasch anwachsenden Emigrantenheer die Offensive, besetzte die Hafenburg des Piräus und schlug die Dreißig in einem Straßenkampf, bei dem Kritias fiel. Die radikalen Oligarchen zogen sich nach Eleusis zurück, wo sie auf Lysanders Hilfe warteten, in der Stadt etablierte sich eine neue, gemäßigtere Oligarchie, und die Verwirrung war allgemein, bis der Spartanerkönig Pausanias als Vermittler erschien, seinen Rivalen Lysander ausschaltete und eine Versöhnung der Gegner ermöglichte. Im September 403 hatte Athen seine Demokratie wieder, 401 wurde auch Eleusis zurückgewonnen[9].

Mit dieser Wendung begann auch der Stern des Lysander zu verblassen. Man verstand es in Sparta, den allzu großen Mann zurückzudrängen, er erhielt allenfalls noch zweitrangige Aufgaben, bis er 395 bei einem Gefecht in Böotien fiel. Damals war die Lage Spartas bereits mehr als prekär. Die Anspannung des großen Krieges hatte auch das feste Gefüge des Kosmos gelockert, Fälle von Korruption wurden bekannt, soziale Spannungen innerhalb der Spartiaten steigerten sich bis zum Versuch einer Revolution. Vor allem aber stand aus der Abrechnung des Peloponnesischen Krieges noch der größte Posten offen, und er wurde jetzt eingefordert.

Sparta hatte den Krieg nicht allein gewonnen, unter seinen Verbündeten aber hatten zwei zum Sieg weit mehr beigetragen als alle anderen: Syrakus durch seine Schiffe, Persien

[9] In dieser mit Vernunft und Menschlichkeit neu gegründeten Demokratie wurde 399 Sokrates zum Tode verurteilt. Was die Anklagepunkte, Gottlosigkeit und Verführung der Jugend, eigentlich bezweckten, ist schwer zu durchschauen. Vielleicht wollten sie nicht mehr sein als ‚politische Erziehung‘, eine Demonstration für den gefährdeten Polisgeist, die erst durch die unnachgiebige Haltung des Angeklagten während des Prozesses und nachher den tragischen Ausgang nahm. Sokrates gewann Unsterblichkeit, indem er sich den Autoritäten des Tages nicht beugte, sein Tod, für die Geschichte der Zeit bedeutungslos, wurde dadurch folgenschwer, daß nunmehr geistiges und politisches Leben endgültig getrennte Wege gingen.

durch sein Geld. Auf Dionysios konnte man sich verlassen, nur war seine gewaltige Macht durch Kriege mit Karthago, durch seine Italienpolitik, den Versuch einer Beherrschung des adriatischen Meeres weitgehend gebunden. Persien dagegen mußte früher oder später mit der Argumentation kommen, daß die Auflösung des Attischen Seebunds auch die Abrede von 449 mit Kallias hinfällig gemacht habe, und dann konnte die Feststellung nicht ausbleiben, daß die kleinasiatischen Griechen von Sparta gegen bares Geld verkauft worden waren. Wenn sich diese Erkenntnis nicht sogleich aufdrängte, so lag dies an einem Thronwechsel: auf den schwächlichen Dareios II. folgte der schwache Artaxerxes II. (404–359). Der jüngere Bruder Kyros aber, der Vizekönig in Kleinasien, nützte seine Verbindung zu Sparta, um in der griechischen Welt Söldner zu werben, 13 000 an der Zahl, und seinen Bruder zu entthronen. Nach der Schlacht bei Kunaxa in der Ebene von Babylon (401), in der der Empörer den Tod fand, brachte zwar der berühmte Rückzug der Zehntausend eine erwünschte Bestätigung der Überlegenheit griechischen Soldatentums[10], aber auch eine einheitlichere persische Politik durch die kleinasiatischen Satrapen Tissaphernes und Pharnabazos. Die anatolischen Griechen sahen die Gefahr und riefen Sparta zu Hilfe, das tatsächlich mit der bisher geübten Zurückhaltung brach und einen Perserkrieg auf kleinasiatischem Boden begann. Sechs Jahre lang standen spartanische Truppen auf asiatischem Boden, in einem Unternehmen, das schließlich ein klägliches Ende fand.

Die Spartaner waren im Operationsgebiet keineswegs die Schwächeren, im Gegenteil, die Desorganisation der persi-

[10] Von dem großen Abenteuer, das Xenophon (430–354) in seiner Anabasis zum Nutzen aller Adepten der griechischen Sprache in leicht verständlichem Attisch beschrieben hat, blieb freilich nicht viel mehr als eine romantisch verklärte Erinnerung, da in der griechischen Welt niemand diesen Söldnerhaufen, der immerhin noch an die 9000 Mann zählte, unterhalten konnte.

schen Reichsgewalt und die Zwistigkeiten ihrer Träger lähmten jeden energischen Widerstand, und als vollends 396 König Agesilaos mit volltönendem panhellenischem Propagandaaufwand das Kommando übernahm, fielen den Spartanern Siege und Beute zu. Den Ausschlag gab vielmehr das Gold der Perser. Auf Zypern rüstete ihnen der athenische Emigrant Konon eine neue Flotte aus, und im Mutterland brachten ihre Zuwendungen die vorhandenen antispartanischen Ressentiments zu offenem Ausbruch: Theben, Korinth, Argos und in ihrem Schlepptau auch wieder Athen, das sich erneut vorsichtig in die große Politik vortastete, führten den neuen Krieg der Griechen gegen Griechen herbei, der der Korinthische heißt (395—386). König Agesilaos wurde zurückbeordert. Er siegte zwar bei dem böotischen Koroneia am Kopaissee, aber kurz zuvor hatte Konon die spartanische Flotte an der Südwestspitze Kleinasiens vernichtet (Seeschlacht bei Knidos, August 394), so daß die spartanische Herrschaft in der Ägäis, das System Lysanders, zusammenbrach.

Der Krieg setzte sich in zahlreichen Einzelaktionen fort, ohne daß es zu einer eindeutigen Entscheidung kam. Nur weniges verdient hervorgehoben zu werden: Da kehrte im Jahre 393 Konon nach Athen zurück, einst ein wenig erfolgreicher Stratege, jetzt als Emissär des Großkönigs vielbejubelt und mit prall gefüllter Geldtasche. Unter seinem Schutz bauten die Athener ihre geschleiften Mauern auf, holten sich ihre ältesten Besitzungen, die Inseln Lemnos, Imbros und Skyros, wieder und sanierten ihre Finanzen, ja sie wagten sogar den Versuch einer Erneuerung ihres Seebundes, der indessen 388 nach dem Tod ihres besten Mannes, des Thrasybulos, wieder aufgegeben werden mußte.

Kennzeichnend für die Zeit ist, daß jetzt auch im Mutterland der hauptberufliche Soldat, der Söldner, Bedeutung gewinnt: der athenische Condottiere Iphikrates konnte seine voll austrainierten Leichtbewaffneten 392 sogar gegen eine spartanische Abteilung zum Siege führen. Kennzeichnend sind aber auch die Wandlungen im politischen Stil: die Festigung des Böotischen Bundes, dem bald andere Bünde folgen sollten, sowie der ephemere, aber interessante Versuch Korinths, das eine demokratische Union mit Argos einging; und ein weiteres großräumigeres Machtgebilde, der 408 gebildete Inselstaat Rhodos, machte damals zum erstenmal von sich reden. Mit solchem Streben nach größerer Hausmacht, dem nicht mehr viel an dem alten Polisdenken lag, ging eine zunehmende Indifferenz gegenüber dem persischen Problem Hand in Hand: es schien, als sei der Geist von Marathon und Salamis endgültig erstorben.

Sparta war wieder einmal isoliert, eingeengt und überfordert, es suchte um jeden Preis aus der Sackgasse des Zweifrontenkrieges herauszukommen. Als sich eine großzügig geplante Friedensordnung mit Athen zerschlug, wandte es sich abermals an den Perser und brachte nach langwierigen Verhandlungen (392–386), die Antialkidas in Kleinasien und in Susa führte, eine Vereinbarung zustande, die den Griechen 387 auf einem Kongreß in Sardeis und dann noch einmal 386 in Sparta vorgelegt wurde, bis sie sie, wenn auch mit Widerstreben, annahmen. Dieses Meisterstück der Diplomatie, das den klingenden Namen Königsfrieden führt, ist schon im Altertum mit Recht als Diktat bezeichnet worden, Griechenland aufgezwungen durch den Perser und seinen Handlanger im Westen, Sparta[11].

[11] Der Vertragstext bei Xen. Hell. 5, 1, 31 (zugänglich auch in dem nützlichen Sammelwerk H. Bengtson, Die Staatsverträge d. Altert. II, München 1962, Nr. 242): ‚König Artaxerxes hält es für gerecht, daß die Städte Asiens ihm gehören, und von den Inseln Klazomenai und Zypern, die anderen griechischen Städte aber, große und kleine, autonom bleiben mit Ausnahme von Lemnos, Imbros und Skyros, die wie vor alters Athen gehören sollen. Wer diesen Frieden nicht annimmt, gegen den will ich Krieg führen mit allen, die gleichen Sinnes sind, zu Lande und zu Wasser, mit Schiffen und Geld.‘

Nun hatten die Sieger des Peloponnesischen Krieges ihren Willen durchgesetzt. Persien besaß die kleinasiatischen Städte, die sich im übrigen in ihr Los schickten und nicht allzu schlecht dabei fuhren; Befreiungsrufe, die in den nächsten Jahrzehnten vom Mutterland herübertönten, fanden nicht den erwarteten Widerhall, sie wurden als das verstanden, was sie waren, Polemik gegen Sparta oder Verschleierung machtpolitischer Pläne. Und alle hatten ihre Autonomie, das große Schlagwort der Feinde Athens war Wirklichkeit geworden; nur daß dieses Ideal jetzt, da die Poliswelt nach größeren Einigungen, Bünden, Unionen strebte, seine negative Seite nach oben kehrte. Und Sparta hatte durch eben diesen Umstand seine unangreifbare Führerstellung, als Polizist von Persers Gnaden konnte es mit Hilfe der Autonomieklausel jede mutterländische Machtbildung im Keime ersticken. Im ganzen genommen, und dieses Hauptergebnis des Großen Krieges trat jetzt mit aller Deutlichkeit zutage, hatte sich die respektgebietende Dynamik Griechenlands, die 479 einsetzte und noch 415 zu weitgespannten Erwartungen Anlaß bot, in ihr Gegenteil verkehrt: Griechenland wurde zu einem Spielball der größeren Mächte, alle Ansätze zu Gestaltungen aus eigener Kraft zerbrachen an den kleinen Rivalen oder konnten allenfalls nur einige Zeit durch Schwächeperioden der Großen hindurchlaviert werden.

DIE ZWEITEN FÜNFZIG JAHRE

Hätte Thukydides einen ihm kongenialen Fortsetzer gefunden, so würden wir vielleicht die Großgliederung der griechischen Geschichte anders sehen, als es uns heute aufgrund seiner notwendig fragmentarisch gebliebenen Erkenntnisse möglich ist. Vielleicht hätte ein solcher Fortsetzer den thukydideischen Begriff der Pentekontaëtie noch einmal verwendet, diesmal mit stichhaltigerer chronologischer Begründung, denn von dem Kongreß zu Sardeis 387, auf dem die Griechen zum erstenmal mit dem Diktatfrieden des Großkönigs konfrontiert wurden, bis zum Kongreß von Korinth 337, auf dem König Philipp II. von Makedonien den Perserkrieg proklamierte, zählen wir genau fünfzig Jahre.

Jenes erste halbe Jahrhundert, 479–431, war unter dem Stern der großen Siege über ein mächtiges, kraftvolles Perserreich gestanden, unter der Größe der attischen Macht, die daraus resultierte; dann war der griechische Weltkrieg gekommen, der Austrag des Dualismus zwischen der alten Vormacht Sparta und der neuen, Athen, nach dem sich die Geister aller Griechen orientierten; jetzt stand Griechenland ein weiteres halbes Jahrhundert lang unter dem Druck jenes Diktats, das es sich von einer im Grunde schwächlichen Persermacht hatte aufzwingen lassen.

Griechenland war, was sein Verhältnis zum Perser betraf, vor das Jahr 500 v. Chr. zurückgeworfen, und dem oberflächlichen Betrachter müßte es scheinen, als hätten sich nun die Ereignisse wiederholen können: ein neuer ionischer Aufstand, ein neues Marathon und Salamis. Aber die Geschichte wiederholt sich nicht. Zwar lähmten nun Sultanswirtschaft, Satrapenaufstände und das Emporkommen lokaler Dynasten die Schlagkraft des Großkönigs wie nie zuvor, aber auch Griechenland hatte einen Schwund aller angestammten Bindungen und Autoritäten zu verzeichnen, und zudem hatten die Zeit und die Kriege dahin gearbeitet, den Vorsprung der Griechen gegenüber ihren nächsten Nachbarn zu nivellieren: griechische Lebensform, die Befreiung des Individuums, wirtschaftliche, politische und militärische Techniken, dies alles teilte sich aus der ausgelebten Polislandschaft zunächst in die rückständigeren griechischen Gebiete, dann vor allem in das Balkanhinterland in zunehmendem Maße mit, so daß in einer größer gewordenen Welt die Zahl der machtpolitischen Faktoren und erst recht die der möglichen Machtkonstellationen ständig zunahm. Dies bot wieder bessere Möglichkeiten, daß der im Augenblick Schwächere durch geschicktes Paktieren seinen Nachteil ausgleichen konnte. Man hatte zwar aus dem Peloponnesischen Krieg die Lehre gezogen, daß man Machtbildungen wie das perikleische Athen nicht mehr dulden wollte, aber offenbar nur aus dem Grund, damit auch der Kleine ungestört seinen Machtträumen nachhängen konnte. So wurden denn weiterhin auf dem Schachbrett der griechischen Politik die Figuren abgetauscht, so lange, bis kein Spieler mehr eine Möglichkeit hatte, die Partie zu gewinnen.

Zunächst war Sparta am Zuge. Es organisierte seine Anhängerschaft in zehn Kreisen, die eine zügigere Aufstellung des Bundesheeres ermöglichten, und sah überall, wo es nottat, nach dem Rechten, mit dem derben Zugriff einer Obrigkeit, die in ihren Mitteln nicht wählerisch ist. Die Maximen seines Handelns waren auf den klaren, jedem Büttel verständlichen Satz reduziert: Autonomie heißt, jede antispartanische Koalition ist verboten. Das ging eine Zeitlang gut, und im Jahre 379 war Sparta, zumindest im festländischen Bereich, so mächtig wie nie zuvor. Dann konnten thebanische Emigranten von Attika aus – eine Umkehrung der Situation von 404 – die oligarchische Regierung Thebens stürzen und die spartanische Besatzung der Burg zu Kapitulation und Abzug zwingen. Sparta bemühte sich in mehreren Feldzügen vergeblich, seinen mittelgriechischen Stützpunkt wiederzugewinnen; der neugestaltete Böotische Bund unter der Führung Thebens behauptete sich, und auch Athen, wo die Drahtzieher des ganzen Unternehmens saßen, nützte seine Chance und baute seine Verbindungen zu den Inselstaaten aus, die Sparta seit der Seeschlacht von Knidos nur mehr unzulänglich kontrollieren konnte.

Der zweite Attische Seebund von 377 hat mit dem ersten, hundert Jahre älteren nur wenig gemein. Die Rücksicht auf den Großkönig und seinen Frieden nötigte dazu, die kleinasiatischen Griechen grundsätzlich auszuschließen und die Autonomie der Bündner peinlich genau zu wahren, die im Synhedrion zu Athen ohne Beteiligung der Athener die Bundesbeiträge festsetzen durften. Da immerhin an die siebzig Mitglieder zusammenkamen und die Athener in dem Sohn des Konon, Timotheos, einen ebenso tüchtigen wie reichen Flottenführer zur Verfügung stellten, hatte der neue Seebund, der die Ägäis beherrschte, anfangs in innergriechischen Auseinandersetzungen einiges Gewicht. Doch nur zu bald wandten die Bündner der historischen Reminiszenz wieder den Rücken, so daß der Bund im ganzen genommen den Athenern mehr Belastungen als Erfolge brachte.

Sparta wich jetzt Schritt um Schritt zurück, da es die neue Wendung der Dinge nicht mehr rückgängig machen konnte. Es entwickelte eine Politik der allgemeinen griechischen Friedensregelung auf der Grundlage des Königsfriedens und gewann dazu auch Athen, dem der böotische Nachbar allmählich unheimlich wurde. Im Sommer 371 schien man, nicht zuletzt dank der diplomatischen Unterstützung durch den Perser, auf einem Friedenskongreß in Sparta der Verwirklichung eines allgemeinen Landfriedens greifbar nahe, da entbrannte um die Frage der Anerkennung des Böotischen Bundes ein Streit zwischen dem jungen Thebaner Epameinondas und dem alten König Agesilaos. Erzürnt ging man auseinander, die Spartaner willens, die Widersetzlichkeit sogleich zu züchtigen. Doch auf dem Schlachtfeld von Leuktra zeigte es sich, daß Epameinondas mehr war als ein untadeliger, gebildeter Aristokrat, der eine freie, scharfe Sprache zu führen wußte: mit seiner neuen Taktik des massierten Schwerpunkts, die die ‚schiefe Schlachtordnung' vervollkommnete, schlug er die Spartaner so vernichtend, daß mit König Kleombrotos und 400 Spartiaten auch der Ruhm der Unbesieglichkeit dahinging, der Peloponnesische Bund zerbrach und Sparta von einem Tag zum andern endgültig aus der Zahl der großen griechischen Mächte ausschied.

Nun lag es an Theben, vielmehr an seinen führenden Männern, an Epameinondas und seinem Freund Pelopidas, eine neue Konzeption zu entwickeln. Zunächst war ihre Politik rein negativ bestimmt, antispartanisch, und auf mehreren Zügen in die Peloponnes trieb Epameinondas die Spartaner an den Rand der Verzweiflung, indem er die Abtrennung Messeniens und die Stärkung eines arkadischen Bundes mit seiner neu gegründeten Hauptstadt Megalopolis erwirkte und die Peloponnes in einen Zustand der Ohnmacht und Anarchie stürzte[1]. Aber bald zeigte sich die erschreckende Einfallslosigkeit der Thebaner: in Susa bemühten sie sich im Wettstreit mit Athenern und Spartanern (367) um die Gunst des Großkönigs. Und wenn Pelopidas nur einen halben Erfolg heimbrachte, so schien es doch im Bereich des Möglichen zu liegen, daß Theben eines Tages den Platz Spartas als Garant des Königsfriedens einnehmen könnte, sofern es nur die gewonnene Stellung auszubauen verstand. Also mischten sich die Thebaner in Thessalien ein – hier fiel im Jahre 364 Pelopidas –, unternahmen mit ihrer nagelneuen Flotte eine

[1] Während der Olympischen Spiele 364 lieferten sich Elis und Arkadien im Heiligen Bezirk von Olympia eine Schlacht, die siegreichen Arkader plünderten die Tempel.

Demonstrationsfahrt in die Meerengen und zogen abermals in die Peloponnes, als sich dort antibötische Kräfte zusammenfanden. Epameinondas, dem die Einnahme Spartas wieder mißlang, fiel kurz darauf in der Schlacht bei Mantineia (Sommer 362). Damit war die große Zeit der Böotier vorbei, die jetzt, nach dem Tode ihres besten Mannes, erkannten, wie sehr sie bereits ihre Kräfte überspannt hatten; ihr Versuch, die Hegemonie über Griechenland zu gewinnen, endete vor der Erfüllung.

Wieder kam es zur Proklamation eines hellenischen Gemeinfriedens (*koinè eiréne*), zur ephemeren Verwirklichung eines hohen Ideals, die freilich weniger der Vernunft der Besonnenen oder dem Feuer der Idealisten zu danken war als der Sehnsucht der zu Tode Erschöpften. Aus der hektischen Erregung der thebanischen Jahre war nur Athen einigermaßen heil hervorgegangen, ja es hatte den Persern Samos abnehmen und einen Teil seiner alten Positionen im Norden der Ägäis wiedergewinnen können. Aber auch seine Tage waren gezählt. Der hellenisierte karische Dynast Maussollos von Halikarnaß warb den Athenern wichtige Bündner ab, und auch der Bundesgenossenkrieg der Jahre 357–355 änderte nichts daran, daß mit Byzanz, Chios, Rhodos und Kos die Bedeutung des Seebunds und damit die athenische Großmacht endgültig dahinging.

Maussollos von Karien war nicht der einzige Repräsentant einer monarchischen Gewalt, der jetzt für die mutterländische Poliswelt bedeutsam wurde. In den Verträgen der Zeit tauchen immer wieder die Namen thrakischer und illyrischer Könige auf, und zunehmend stärkeres wirtschaftliches Gewicht erhielt das ferne Reich der bosporanischen Griechen auf der Krim, das das Glück hatte, in mehr als hundert Jahren, 433–310, von nur drei Archonten aus dem königlichen Kaufmannsgeschlecht der Spartokiden regiert zu werden, den Herren des ukrainischen Getreides. Auch in den Randzonen der engeren griechischen Welt bildeten sich neue

Machtfaktoren ausgesprochen monarchischer Tendenz, denen ,der Wille zu einer neuen politischen Gestaltung durch die Einzelpersönlichkeit'[2] gemeinsam ist. Auffällig sind die starken Bindungen, die diese Herrscher zu Athen haben, nicht zu dem politischen Athen, seiner Demokratie und seiner Flotte, sondern zu der Vormacht des Geistes, vor allem zu den beiden größten, in innerer Emigration lebenden Lehrern, Platon (427–347) und Isokrates (436–338).

Isokrates hat in seinen Flugschriften an die kyprischen Tyrannen Euagoras und Nikokles – der erstere hatte vor dem Königsfrieden vergeblich versucht, die persische Oberhoheit abzuschütteln – die Monarchie sozusagen für den freien griechischen Geist hoffähig gemacht, und seine panhellenische, antipersische Konzeption wirkte tief auf den Tyrannen Iason von Pherai, der – gleich Isokrates ein Schüler des Gorgias – Thessalien für kurze Zeit zu einer respektgebietenden Macht einigte und kurz vor seiner Ermordung (370) von einem neuen Perserkrieg träumte.

Die platonische Akademie, mit der Isokrates rivalisierte, stand in ihrer Fernwirkung um nichts nach. Zu ihrem engeren Kreis zählten zeitweilig die kleinasiatischen Stadtfürsten Klearch von Herakleia und Hermeias von Atarneus, der Freund des Aristoteles. Am bekanntesten sind jedoch die Verbindungen Platons zum Tyrannenhof von Syrakus, vor allem seine drei Reisen (389, 366, 361), vergebliche Versuche, den geläuterten Geist der Philosophie über die Person des Herrschers zum Segen eines Volkes wirken zu lassen, die alle mit einem Mißklang endeten.

Die spätere Philosophie hat an Dionysios I. furchtbare Rache genommen, indem sie ihn zum Urbild des brutalen, um sein Leben bangenden Tyrannen stempelte. In seiner Zeit (405–367) übte Dionysios I. jedoch eine starke Anziehung auf die geistige Elite aus: wie bei den Deinomeniden des

[2] K. F. Stroheker, Dionysios I., Wiesbaden 1958, S. 184.

fünften Jahrhunderts Dichter vom Range eines Simonides, Aischylos und Pindar, so fanden sich auch jetzt zahlreiche Philosophen und Künstler an dem Musenhof eines Herrschers ein, den seine literarischen Neigungen zu einem Bewunderer Athens machten. Dennoch war sein Regime perfektionierte Technik der Macht, nach Methoden und Zielsetzung eine Militärdiktatur, geboren aus der Not der neuen, 409 beginnenden Karthageroffensive. Zwar konnte er weder die Karthager aus Sizilien verdrängen, noch alle unteritalischen Griechen in sein Reich eingliedern, noch auch, trotz aller Anstrengungen, eine feste, dauerhafte Seeherrschaft in den italischen Gewässern errichten, doch die geschichtliche Bedeutung dieses Tatmenschen erweist sich an der Lücke, die er mit seinem Tod hinterließ. Weder der schwächliche Sohn und Erbe Dionysios II. (367–344), noch gar das unglückliche Zwischenspiel seines Oheims Dion, des Platonschülers, der nur zu rasch den Weg vom Befreier zum Tyrannen und zum Tode ging, konnte den Niedergang Siziliens aufhalten. Da schickte die Mutterstadt Korinth im Jahre 344 den ehrenwerten Timoleon nach Syrakus, der der Tyrannis ein Ende machte, die Karthager zurückdrängte und in den acht Jahren seines Wirkens Sizilien wieder in eine Gemeinschaft unabhängiger Poleis umgestaltete – mit dem Ergebnis, daß bald neue Streitigkeiten die Karthager hervorlockten und Syrakus abermals für eine Tyrannis reif wurde.

Schicksalhaft für das Mutterland und die Welt wurde indes nicht das Westgriechentum, das sich in inneren und äußeren Spannungen nur mühsam behauptete, sondern die unverbrauchte Kraft der Makedonen, des nördlichsten der griechischen Stämme, in dem die hellenische Kultur kaum erst das Herrscherhaus erfaßt hatte. Der Staat mit seinen urtümlichen, an die Wanderungszeit gemahnenden Einrichtungen (Königswahl, Heeresversammlung, Gefolgschaft der Adelsreiterei, der ‚Hetairen'), erst seit Philipp II., 359–336, endgültig geeint, machte auf die Griechen den Eindruck des Unheimlichen, Barbarisch-Wilden, und nicht minder auch sein großer König, obwohl – oder weil – er, ein gelehriger Schüler der Hellenen, zugleich auch den Weltmann und Diplomaten zu spielen wußte. Philipp, ein Mann von unerschöpflicher Energie, beseitigte in einem einzigen Jahr, wiewohl noch Vormund, nicht König, seine Mitbewerber um den Thron und die Selbständigkeitsgelüste makedonischer Teilfürsten, sicherte seine Westgrenze und ging nun daran, sein Heer zu reformieren. Was er als Heeresorganisator leistete, stellt ihn in die Reihe der größten Militärs des Altertums. Er entwickelte die schiefe Schlachtordnung Thebens, wo er in seiner Jugend als Geisel gelebt hatte, weiter, und machte als gewiegter Taktiker sein Heer durch das Zusammenwirken der Waffengattungen, vor allem der offensiven Adelsreiterei und der überschweren, mit überlangen Stoßlanzen ausgerüsteten Phalanx, unwiderstehlich; in der Belagerungstechnik war ihm Dionysios I. Vorbild. Seine Vorstöße trafen Griechenland in einem Augenblick absoluter Schwäche; sie hätten sich rascher und vernichtender ausgewirkt, hätte nicht Philipp zeit seiner Regierung die Grenzen seines Reiches in allen vier Himmelsrichtungen sorgfältig im Auge behalten müssen.

Aber seine Schläge, aus einer Igelstellung unvorhersehbar, unverdrossen und wuchtig geführt, waren auch so hart genug. Während Athen mit seinen Bundesgenossen beschäftigt war, nahm Philipp Amphipolis und Pydna, zerstörte Poteidaia – seine Politik war ein kaum zu durchschauendes Wechselspiel von diplomatischen Kniffen und militärischen Aktionen –, dann schob er seine Ostgrenze (356) bis ans Rhodopegebirge vor, wobei er mit den Goldbergwerken des Pangaiosgebirges die finanziellen Grundlagen für seine weiteren Pläne gewann[3], und er erwehrte sich erfolgreich eines konzentrischen

[3] Zur Sicherung des lebenswichtigen Terrains baute er die griechische Kolonie Krenides durch Neugründung aus und benannte sie – erstmals in der griechischen Geschichte – nach einem Menschen, nach sich selbst: Philippi.

Angriffs seiner Nachbarn im Norden, Osten und Westen, der ihm halb Westrumelien einbrachte. Dann riefen ihn die Verhältnisse nach Süden.

Im Rat der Delphischen Amphiktyonie, jener zwölf Staaten, die unter der Leitung Thessaliens die Neutralität des weltbedeutenden Heiligtums garantierten, war parlamentarisches Gezänk in einen handfesten Krieg ausgeartet, und die Phoker, die am nächsten wohnten, zapften mit schnellem Zugriff die Schätze Apolls an, die es ihnen ermöglichten, 10 000 Söldner anzuwerben (356). Dieser Gewalthaufen, nach den damaligen griechischen Verhältnissen eine Großmacht, gewann Anhänger in Thessalien, deren Gegner wieder Philipp zu Hilfe riefen. Dieser erschien, wurde zweimal besiegt, aber im nächsten Jahr, 352, war er wieder zur Stelle, vernichtete den Hauptteil der phokischen Söldner und ihren Anführer Onomarchos und wurde thessalischer Bundesfeldherr. Sein weiteres Vordringen nach Süden hinderte ein griechisches Aufgebot, darunter 5 000 Athener, durch Sperrung der Pässe.

Nun wandte sich Philipp abermals Thrakien zu und den Städten am Nordrand der Ägäis. 349/48 operierte er auf der Halbinsel Chalkidike und eroberte Olynth, bevor noch das zögernde Athen der bedrängten Stadt Verstärkungen schicken konnte. Nun kontrollierte Philipp die Griechenstädte seiner Küsten, hatte die Möglichkeit, sich zur See bemerkbar zu machen, nahm den Athenern die Insel Euböa ab und wußte sich obendrein durch gutes Geld in mancher Polis, sogar in Athen, Freunde zu gewinnen. Doch da es ihm nicht geraten erschien, sich auf einen Seekrieg mit der stärksten Flotte der hellenischen Welt einzulassen, bequemte er sich zur Abwechslung zu Verhandlungen und dupierte geschickt die athenischen Unterhändler, so daß sie im Frieden des Philokrates 346 den Status quo anerkannten. Als sich zur selben Zeit der Heilige Krieg dadurch erledigte, daß den Phokern das Geld Apolls ausging, spielte der Makedone Vermittler und wurde dafür mit Sitz und Stimme in der Amphiktyonie belohnt.

In jenen Jahren zwischen 350 und 346, Jahren der äußeren Bedrohung und des inneren Quietismus, trat Demosthenes in den Vordergrund, der in der Endzeit der griechischen Polis zum größten Redner griechischer Zunge wurde. Der gehemmte, nervöse Mann ging durch tausend Widerwärtigkeiten und Anfeindungen seinen Weg, im privaten Leben wie in der Politik gehetzt von halben Erfolgen und quälendem Versagen. Was ihn groß machte, war recht eigentlich sein eiserner Wille, gepaart mit der unerschütterlichen Resistenzfähigkeit des Schwächlich-Zarten. Er überwand körperliche Mängel, um sein formales Talent bis zur letzten Vollendung zu kultivieren, er wurde zum Rufer in der Wüste, als er, der Verfechter des alten Polisideals, zum energischen Widerstand gegen den Makedonen aufrief, dem er dann doch in der persönlichen Begegnung hoffnungslos unterlegen war; er intrigierte und agitierte, bis er seine große Koalition zusammengetrommelt hatte, die dann doch zu nichts anderem diente, als das Ende seiner Politik zu beschleunigen; trotz Verurteilung und zeitweiliger Verbannung schürte er weiter den Makedonenhaß, bis er sich beim letzten Zusammenbruch, ein Jahr nach Alexanders Tod, durch Selbstmord dem Henker entzog.

In einem waren sich Demosthenes und Philipp freilich einig: daß der Frieden von 346 nicht mehr bedeutete als ein Hinausschieben der letzten Entscheidung. Philipp nützte wie immer seine Zeit, sofern ihn nicht Verwundung oder Krankheit lähmte: er trieb die Illyrer zurück, gewann Einfluß in Epirus und sicherte endgültig die makedonische Position in Thessalien, während gleichzeitig ein verwirrendes diplomatisches Spiel mit vielen griechischen Staaten nebenherging. Demosthenes stand ihm nicht nach: er griff die Makedonenfreunde in Athen an, gewann im Mutterland und auf den Inseln neue Freunde für den bevorstehenden .Kampf und hintertrieb weitere Verhandlungen mit dem Makedonen. Er bemühte sich vergeblich, die Athener zu einem Bündnis mit dem Perserreich zu bewegen, das durch den energischen Artaxerxes III. (359–338), den Wiedereroberer Ägyptens, neue Kraft zu gewinnen schien, und schon kam ihm wieder Philipp zuvor, indem er einen Nichtangriffspakt mit Susa abschloß.

Die Dinge traten in ihr entscheidendes Stadium, als Philipp 342 mit raschen Schlägen Thrakien unterwarf und eine Provinz einrichtete, die bis zum Schwarzen Meer reichte. Jetzt waren die Meerengen, war die Getreideversorgung Athens tödlich bedroht. Demosthenes, der damals seine größte Rede, die von tiefster Erregung und Leidenschaft erfüllte dritte Philippika hielt, brachte einen Hellenenbund zustande, während Philipp vergeblich Perinth und Byzanz belagerte. Athen erklärte den Friedenszustand als beendet. Aber Philipp war nicht der Mann, sich durch Mißerfolge entmutigen zu lassen. Er brach die Belagerung von Byzanz ab, führte sein Heer zu einem Skythenkrieg an die untere Donau, zog dann, trotz schwerer Verwundung, quer durch sein Reich und stand überraschend im Herbst 339 in Mittelgriechenland, wo ihm ein neuer Heiliger Krieg willkommene Gelegenheit zum Einschreiten geboten hatte. Demosthenes gewann, als Krönung seines Wirkens, die Böotier für die gemeingriechische Sache.

Am 2. August 338 fiel bei dem böotischen Städtchen Chaironeia die Entscheidung. Die Griechen gingen in Ehren unter, als Prinz Alexander ihre Kernformation, die Heilige Schar der Thebaner, vernichtet hatte. Griechenlands Schicksal lag in der Hand des Makedonenkönigs. Daß die Schlacht von Chaironeia nicht zum Endpunkt seiner Geschichte wurde, hat es eben diesem Philipp zu danken, der nicht kam, um zu zerstören, sondern mit konstruktiven Ideen eine neue Zukunft zu bauen. Die Niederlage kostete lediglich Theben seinen Böotischen Bund und Athen die kümmerlichen Reste seines Seebunds, und den Spartanern, die jede Gemeinschaft mit dem griechischen Schicksal verweigerten, wurde ihr Schmollwinkel um einiges verkleinert. Ansonst war der Sieger bemüht, durch Milde für sich einzunehmen[4]. Nach einem Zug durch die Peloponnes verbrachte Philipp einen ganzen Winter in Korinth, um die griechischen Verhältnisse neu zu regeln. Auf der Grundlage eines griechischen Gemeinfriedens und eines ewigen Bündnisses mit Makedonien erhielten die Griechen als oberstes Bundesorgan ein Synhedrion, eine Repräsentativversammlung der neu geschaffenen Wehrkreise. Philipp ließ hier die Griechen unter sich, er selbst behielt sich das Amt des Bundesfeldherrn vor, dem in der Praxis auch die Entscheidung in der Außenpolitik zufallen mußte.

So begrüßenswert der garantierte Frieden erschien, den Griechen nahm die rasche, zügige Art der Organisation, die die makedonischen Interessen nie aus dem Auge ließ, nicht das Gefühl des Aufgezwungenen, Fremden. Um aufkeimende Antipathien zu überwinden oder wenigstens zu überdecken, entschloß sich daher Philipp im Frühjahr 337 zum letzten Schritt: er proklamierte den panhellenischen Krieg gegen Persien, mit der ausdrücklichen Begründung, Rache zu nehmen für die Frevel des Xerxes im Jahre 480. Kaum war er nach Makedonien zurückgekehrt, setzte er auch schon mit den Vorbereitungen ein, die ersten Vorausabteilungen betraten zu Anfang des Jahres 336 asiatischen Boden. Bald darauf wurde der König, erst 47 Jahre alt, in der makedonischen Königsstadt Aigai ermordet.

[4] Athen, dessen respektable Flotte Philipp allerdings unangenehm werden konnte, hatte sogar die Ehre, wie einst 346 die Reichsfeldherren Parmenion und Antipater, so jetzt den 18jährigen Kronprinzen Alexander in seinen Mauern begrüßen und mit Ehren überhäufen zu dürfen.

ALEXANDER DER GROSSE UND DIE DIADOCHEN

Mit Alexander beginnt eine neue Epoche der Weltgeschichte[1]. Von Gibraltar bis zum Ganges haben die Folgewirkungen seiner vierzehn Jahre die Geschichte der Völker tief beeinflußt, Spuren in Sage und Literatur, in Religion und Kunst hinterlassen. Es blieb dem jungen preußischen Historiker Johann Gustav Droysen (1808–84) vorbehalten, diese Erscheinungen in den Zusammenhang der griechischen Geschichte zu rücken, zu einer Zeit, als die Geschichtsschreibung noch der Faszination des Demosthenes erlag, der den großen politischen Antagonismus seiner Zeit auf die schematisierte Formel des Gegensatzes zwischen Hellenen und Bar-

[1] Dies hat Droysen schon im ersten Satz seines Alexanderbuches (1833) ausgesprochen. Droysen, der für diese Epoche auch die in der deutschen Forschung bis heute übliche Bezeichnung Hellenismus prägte, gab die erste, allerdings fragmentarisch gebliebene Gesamtdarstellung (Gesch. d. Hellenismus, 2. Aufl. Gotha 1877, Neuausg. Darmstadt 1952). Von den zahlreichen Alexanderbiographien sind, wegen ihres gegensätzlichen Standpunkts in der Beurteilung der Quellen, die Bücher von U. Wilcken, Leipzig 1931, und G. Radet, Paris 1934, bedeutsam, von neueren W. W. Tarn, Cambridge 1948, dt. Darmstadt 1968. F. Schachermeyr, 2. Aufl. Graz 1973, R. L. Fox, dt. Düsseldorf 1974, und S. Lauffer, München 1978. Vgl. ferner die ausführliche Bibliographie von J. Seibert, Darmstadt 1972, die Bildbiographie von P. Green, dt. Würzburg 1974, sowie zur Epoche des Hellenismus M. Rostovtzeff, Gesellsch.- u. Wirtschaftsgesch. d. hellenistischen Welt, dt. Darmstadt 1955/56, W. W. Tarn, G. T. Griffith, Die Kultur der hellenistischen Welt, dt. Darmstadt 1966, C. Schneider, Kulturgeschichte des Hellenismus, München 1967, 1969.

baren reduzierte. Droysen, der Philologe aus dem Pfarrhaus, schlug sich damit die Brücke zwischen Griechentum und Christentum und schuf gleichzeitig das Fundament für eine neue, historisch gegründete Gesamtschau des Altertums[2].

Die einmalige Bedeutung des Jünglings wurden die Zeitgenossen rasch gewahr, sie geheimnißten mancherlei in seine Kindheit und Jugend hinein, ja an ihm ist – eine der zahlreichen Wirkungen, die von ihm ausgingen – den Menschen erst das Interesse an der Biographie erwachsen. Die dämonische Mutter Olympias aus dem fernen, fremden Epirus, das mitunter recht gespannte Verhältnis zum Vater, dessen Heiraten Mutter und Sohn, die sich eng verbunden fühlten, um ihre legitimen Ansprüche bangen ließen, die frühen Beweise scharfen politischen Verstandes und vielversprechender soldatischer Tugenden, dies alles ist uns mit viel mythischem und anekdotischem Beiwerk überliefert. Stark wirkten auf den reifenden Knaben die drei Jahre in Miëza (343–40), wo er Aristoteles (284–22) zum Lehrer hatte, den umfassendsten und feurigsten Geist der Griechen, aus dessen Unterricht er sich ein durchaus persönliches, romantisch verklärtes Bild der homerischen Helden zu eigen machte.

Alexander hatte bereits kurze Bewährungen als Reichsverweser, als Reitergeneral in der Schlacht bei Chaironeia hinter sich, als er, von Jugendfreunden unterstützt, am Tage der Ermordung seines Vaters mit einer Verdacht erweckenden Sicherheit und Schnelligkeit nach der Herrschaft griff. Bald waren, wie in Makedonien üblich, die Thronrivalen beseitigt,

[2] Sie ist heute nicht nur Gemeingut der Altertumswissenschaft, sondern auch Grundlage der universalgeschichtlichen Betrachtung (zu A. J. Toynbee s. o., S. 2, Anm. 1) und der Selbstbesinnung des modernen Griechenlands, das seine Erfüllung in der Überleitung der hellenischen Traditionen in die christliche Völkergemeinschaft sieht, vgl. die grandiose, von platonischem Geist durchwehte Prosadichtung von Panajotis Kanellopoulos, Die fünf Athener Dialoge, dt., Freiburg i. Br. 1961.

und ein rascher Zug nach Griechenland bestätigte noch im selben Jahr dem jungen König die Erfolge des Vaters, die Herzogswürde der Thessaler, den Vorsitz in der Delphischen Amphiktyonie, den Oberbefehl des Korinthischen Bundes für den geplanten Perserkrieg. Das Jahr 335 brachte Alexander seine erste Bewährung als Feldherr. Während von nun an Makedonien der Reichsverweserschaft des bewährten Generals Antipater überlassen blieb, drang Alexander im Kampf gegen die Triballer bis an die Donau vor, stand einen Augenblick lang auf ihrem linken Ufer, und wandte sich dann nach Westen, um in Albanien eine gegen ihn gerichtete Koalition der Illyrer zu zerschlagen. Da erreichte ihn die Nachricht, daß sich die Griechen, durch eine falsche Meldung von seinem Tode und durch persisches Geld verleitet, erhoben hätten. Sogleich erschien er vor Theben, dem Zentrum des Widerstands, und machte nach kurzer Belagerung die völlig überraschte Stadt dem Erdboden gleich. Griechenland war von Entsetzen gelähmt. Nun folgte ein Winter ungestörter Kriegsvorbereitungen, und im Frühjahr 334 setzte Alexander nach Asien über. Der König selbst und ein großer Teil der Kombattanten sollten Europa nicht wiedersehen.

Alexander hatte seine Vorbereitungen rasch und gründlich getroffen, ohne bedachtsames, zögerndes Kalkül, mit jener traumwandlerischen Sicherheit, die zu dem Einmaligen seiner Gestalt gehört. Einem nüchternen Betrachter mußte das Ergebnis unzureichend erscheinen. Den 35 000 Makedonen – einen Teil des makedonischen Aufgebots benötigte der getreue Antipater zur Sicherung der Heimat und zur Beobachtung der Griechen – und dem vergleichsweise schwachen Kontingent von nicht ganz 10 000 Griechen hielten bereits die starken, disziplinierten und gut gerüsteten griechischen Soldtruppen des Persers die Waage, von den sonstigen Hilfsquellen und dem Menschenreservoir des Riesenreiches ganz zu schweigen. Alexanders Flotte war der persischen hoffnungslos unterlegen, und seine Kriegskasse arbeitete vorerst mit roten

Zahlen. Der einzige Aktivposten in seiner Rechnung war das Land, das vor ihm lag: der Krieg mußte den Krieg finanzieren und ernähren.

Das Kriegsziel hatte Philipp vor dem Korinthischen Bund formuliert: Rache für die Zerstörungen des Xerxes im Jahre 480. Genau besehen bedeutete dies, neben der Befreiung der kleinasiatischen Griechen, Zerstörung der persischen Königsresidenzen. Aber nur Hektor kämpft für ein Kriegsziel; Achill, an dessen Grab Alexander beim Überschreiten des Hellespont mit seinem Freund Hephaistion andachtsvoll verweilte, kämpft im letzten nicht, um Troja zu zerstören, sondern um sich vor sich selbst und anderen zu bewähren, um seine Bestimmung zu erfüllen. Der Krieg und sein Ziel sind nicht mehr als Anlaß und Ansporn zum Handeln.

Als das Alexanderheer auf asiatischem Boden stand, wandte es sich zunächst nach Osten, um seine Gegner zu suchen, die Satrapen Kleinasiens und ihr Aufgebot. Die Anfangsoperationen einer Offensive gegen das persische Großreich waren jetzt mit stärkeren Risiken verbunden als in älteren Zeiten, denn die Schwächung der Zentralgewalt gab längst schon den Satrapen freieren Spielraum zum Ausbau ihrer eigenen Macht, und außerdem hatte der neue König Dareios III. (336–330) in dem Rhodier Memnon einen hervorragenden Strategen gewonnen, dem es beinahe gelungen wäre, die makedonische Vorausabteilung unter Parmenion, die seit zwei Jahren in Kleinasien kämpfte, aus dem Lande hinauszumanövrieren.

Alexander fand die vier Satrapen am Granikos, durch das tief eingeschnittene Flußbett von ihm getrennt. Er selbst führte, ohne Rücksicht auf die Ungunst des Geländes, durch eine verwegene frontale Reiterattacke die Entscheidung herbei, wobei er entgegen dem Rat des erfahrenen Taktikers Parmenion sich selbst und seine Umgebung höchster Gefahr aussetzte[3]. Bei der Verteilung der Beute, bei der er auch die

[3] Nicht nur Parmenion, auch viele neuere Historiker haben die Strategie Alexanders kritisiert. Eines sollte man dabei freilich nicht

Athener bedachte, bei der harten Behandlung der gefangenen griechischen Söldner zeigte sich Alexander noch ganz als hellenischer Bundesfeldherr, als im Denken der europäischen Welt verhaftet. Und dasselbe gilt von den weiteren Unternehmungen des Jahres, da er, um der überlegenen persischen Flotte ihre Basen zu entziehen, die kleinasiatische Küste nach Süden hinabzog, Sardeis, nach kurzer Belagerung auch Milet gewann, Karien und Lykien durcheilte, bis er wieder nach Norden umbog, um im Herzen Phrygiens, in der alten Königsstadt Gordion, zu überwintern.

Urlauber gingen und kamen, die Heimat schickte Verstärkungen. Die persische Herrschaft in Kleinasien war jetzt für alle Zeiten zu Ende, bis auf den Nordosten der Halbinsel, das Reich Pontus, das Alexander und seine Nachfolger nie betreten haben. An ihre Stelle traten makedonische Satrapen, sowie die Autonomie griechischer Städte und einzelner lokaler Dynasten. Noch eine weitere Entscheidung hatte das erste Kriegsjahr gebracht: es schuf die Voraussetzungen, daß es später, während des ganzen Alexanderzuges, fast immer möglich war, die Verbindung zwischen dem König und seinem Stammland aufrechtzuerhalten.

Im Frühling 333 verließ Alexander die Stadt Gordion[4] und marschierte dem Südosten zu, dem eigentlichen Asien

übersehen: die Tollkühnheit, mit der Alexander hier und bei vielen anderen Anlässen jede Schwierigkeit unbedenklich frontal anging, ist mehr als knabenhaftes, romantisches Heldenspiel, sie ist in höherem Sinne strategisches Prinzip: der Nimbus der Unbesieglichkeit ist die ihm gemäße Form ‚psychologischer Kriegführung', wie etwa bei primitiven, im Numinosen verhafteten Stämmen Tätowierung und Kriegsbemalung, oder bei den Assyrern, später perfektioniert bei Hunnen und Mongolen, die Grausamkeit.

[4] Sie ist der Schauplatz der berühmtesten aller Alexanderanekdoten, der Geschichte vom Gordischen Knoten, deren Geschichtlichkeit indes, wie in allen anderen ähnlichen Fällen, oft angezweifelt und nie geklärt wurde.

und dem Großkönig entgegen. Dareios III., der nach einer wirren Zeit der Königsmorde und Palastintrigen als Werkzeug einer Clique auf den Thron gekommen war, hatte sich durch Rüstungen und diplomatische Aktionen vorbereitet, so gut er konnte. Jetzt zog er, nach dem Tode Memnons, die griechischen Söldner aus dem Westen an sich. Nur langsam rückte das gewaltige Heer mit seinem schwerfälligen Troß dem Landesfeind entgegen, während Alexander, den eine schwere Erkrankung mehrere Wochen lang in der Küstenebene von Tarsos aufgehalten hatte, bereits nach Syrien weiterhastete. Es war schon spät im Jahr, als die beiden Gegner merkten, daß sie aneinander vorbeigestoßen waren, wendeten und nun mit verkehrten Fronten in der Strandebene von Issos aufeinanderstießen. Während Dareios seine Truppen in der Enge nur schlecht entfalten konnte, so daß sein überlappender Flügel zurückhing, führte Alexander abermals selbst mit seiner Schlachtkavallerie den entscheidenden Stoß, der direkt auf den Großkönig traf. Dareios floh, ehe er zu kämpfen begonnen hatte. Damit war eine Schlacht entschieden, in der die Makedonen nur die Wahl zwischen Sieg und Tod hatten, eine Schlacht, die die gesamte Welt, besonders Griechenland, den Atem anhalten ließ und die vor allem auch den Sieger selbst tief beeindruckte, der fortan den Anspruch erhob, der rechtmäßige König von Asien zu sein. Dareios hatte durch seine Flucht den Feinden unermeßliche Beute in die Hand gegeben und auch die Frauen seiner Familie der Gnade des Siegers überlassen. Die makedonischen Satrapen Kleinasiens aber waren noch ein volles Jahr damit beschäftigt, die Trümmer der geschlagenen Armee, die sich nach Westen abgesetzt hatten, zu vernichten.

Alexander handelte, wie es seine alte Konzeption gebot, nicht seinem neuen Anspruch gemäß: wichtiger als die Person des Dareios war vorerst seine nach wie vor lästige Überlegenheit zur See. So zog denn das Heer nach Süden weiter, die syrisch-phönikische Küste entlang, bis sich Alexander in die

Belagerung von Tyros verbiß. Sieben Monate dauerten die Bauarbeiten, Kämpfe und Entbehrungen vor der unüberwindlichen Inselfestung, die den Makedonen eine der größten technischen Leistungen der antiken Kriegsgeschichte abzwang. Als die Stadt im August 332 fiel, hatten sich bereits die anderen Seestädte der Überlegenheit des Eroberers gebeugt; es gab keine persische Flotte mehr.

Alexander, der sich in dieser Zeit ernst gemeinten Friedensangeboten des Dareios versagte, nahm seinen Vormarsch nach Süden wieder auf. Wieder mußten die Techniker an die Arbeit gehen, als die Grenzfeste Gaza zwei Monate lang harten Widerstand leistete, und dann stand den Makedonen Ägypten offen. In keinem anderen Lande wurde Alexander so von Herzen als Befreier begrüßt, denn nirgends war die Herrschaft der Perser so verhaßt wie hier. Alexander fand hier zu der ihm eigenen religiösen Toleranz zurück, die er vor Tyros unterdrückt hatte, und so wurden die kurzen Monate seines Aufenthalts unblutig, doch folgenschwer für beide, den neuen Pharao und sein neues Reich. Ägypten erhielt von Alexander ein kostbares Geschenk, die erste und bedeutendste seiner Gründungen, die spätere Weltstadt Alexandreia, in der er nach Jahren auch sein Grab finden sollte. Der König aber hatte sein stärkstes Erlebnis in dem Besuch der Siwa, einer abgelegenen Oase der libyschen Wüste, der Kult- und Orakelstätte des den Griechen seit langem bekannten, von ihnen mit Zeus gleichgesetzten Gottes Ammon. Was Alexander dort im Innern des Tempels an Weissagungen erfuhr, beeindruckte ihn stark, doch sind sie nie bekanntgeworden. Hingegen vernahm das Gefolge, daß der Priester seinen Pharao schon in der Vorhalle loyal als Sohn des Zeus-Ammon begrüßte, eine Szene, die später rasch zum Ausgangspunkt für den Gegensatz zwischen altmakedonischer und neuer Weltreichsgesinnung wurde, der sich in dem der Königsväter Philipp und Ammon symbolisierte[5].

[5] Die Ereignisse in der Oase Siwa wurden in der Forschung, v. a. in der deutschen, mit besonderer Ausführlichkeit durchdisku-

Kurz nach seiner Rückkehr verließ Alexander Ägypten[6], um den Großkönig Dareios zu finden, der erneut gerüstet hatte. Ohne nennenswerten Widerstand zog er die alte Straße bis Tyros zurück, bog dann nach Osten ab und gelangte durch Syrien, über Euphrat und Tigris in das weite Innere des Reiches, ins eigentliche Asien. Hier im alten Assyrien, zwischen den Großdörfern Gaugamela und Arbela, fielen am 1. Oktober 331 die Würfel: für die Schlacht, in der Dareios seine Übermacht ungehindert entfalten konnte, hatte Alexander einen komplizierten taktischen Mechanismus ersonnen, doch die Entscheidung erzwang er wie einst bei Issos: abermals entzog sich Dareios dem Ansturm seines unwiderstehlichen Gegners und floh in die Berge; der Sieger aber durfte sich König von Asien nennen.

Der neue Großkönig ergriff von seinen Residenzen Besitz: Die Makedonen zogen in Babylon ein und erlebten staunend die Wunder des Orients; sie erreichten Susa, und ihr König gebot von nun an über die stärkste Waffe der Perser, ihren unerschöpflichen Vorrat an Münzmetall; sie kämpften sich durch die Persischen Tore in das Gebirge hinauf und standen in der Kernlandschaft des Reiches, der Persis. Die Hauptstadt Persepolis wurde geplündert, der Palast der Achämeniden niedergebrannt: der Rachekrieg war damit beendet, der Auftrag des Korinthischen Bundes erfüllt. Im nächsten Frühjahr (330) entließ Alexander seine hellenischen Bundesgenossen

tiert und schon dadurch überbewertet. Gewiß ist, daß sie Bestätigung durch zwei griechische Orakel erhielten, doch in den nächsten Jahren ohne alle praktische Konsequenzen blieben, vgl. die zurückhaltende Beurteilung durch F. Taeger, Charisma I, Stuttgart 1957, S. 191 ff.

[6] Bei der Einsetzung der Statthalter zeigt sich das neue Reichdenken, das vorher schon in Ansätzen vorhanden war, mit aller Schärfe: Alexander übertrug die Verwaltung des Landes vier Männern, (vermutlich) einem Makedonen, einem im Lande eingesessenen Griechen, einem Perser und einem Ägypter.

in die Heimat, wer wollte, konnte als Söldner bei ihm bleiben.

Wenn Alexander jetzt im Hochland wieder die nordwestliche Richtung einschlug, so sah er nicht die ferne Heimat vor sich, sondern Dareios, der den Winter im letzten Zentrum des Reiches, dem medischen Ekbatana, verbracht hatte. Man kam um acht Tage zu spät, Dareios war, ein Gefangener seiner Satrapen, nach dem Osten verbracht worden. Alexander hetzte den Flüchtigen nach, und als er sie mit den wenigen, die ihm zu folgen vermochten, erreichte, retteten sie sich, indem sie ihren König ermordeten, seinen Leichnam dem Verfolger überließen.

Eine Atempause der Besinnung war nötig, bis sich das Heer wieder gesammelt hatte. Man befand sich jetzt, im Juli 330, in Hyrkanien, am Südrand des Kaspischen Meeres, und Alexander trat offiziell das Erbe der Achämeniden an, übernahm vor seinen asiatischen Untertanen das persische Zeremoniell. Längst schon dienten Perser und Meder in seiner Reichsverwaltung, und allmählich wandelte sich auch das Heer; wenn auch immer wieder Verstärkungen aus der Heimat kamen – obwohl Antipater einen verlustreichen Krieg gegen die Spartaner zu bestehen hatte –, bildeten die Makedonen nur den Kern einer reich und heimatlos gewordenen, mit einem gewaltigen Troß belasteten Gefolgschaft des Eroberers. Diesen rief sein Schicksal nach dem Nordosten, der nicht gewillt war, die Achämenidennachfolge anzuerkennen.

Drei Jahre lang hatte Alexander mit dem Widerstand der Iranier zu kämpfen, Jahre voll ungeheurer Leistungen und Abenteuer, in denen der Hindukusch überschritten, der Syr-Darja überquert wurde, unzugängliche Burgen erobert und zahllose kräftezehrende Kämpfe bestanden werden mußten, bis die Hauptgegner Bessos und Spitamenes beseitigt waren und der König die Befriedung des Landes durch seine Vermählung mit der iranischen Fürstentochter Roxane abschließen konnte.

Die Makedonen vermochten ihm kaum mehr zu folgen, als er das Bestreben erkennen ließ, das iranisch-persische Element mit dem griechisch-makedonischen zu verschmelzen, als er auch von ihnen die Proskynese verlangte, die fußfällige Begrüßung, für jeden Europäer das Symbol asiatischer Knechtschaft[7], aber sie verweigerten sich ihm nicht, als er, den alten orientalischen Anspruch auf die Weltherrschaft wörtlich nehmend, den Aufbruch nach Indien befahl, um das Ende der Bewohnten Welt zu erreichen.

Von dem Radscha von Taxila gerufen, bahnte sich das Heer im Sommer 327 seinen Weg in den Pandschab, das Land der Fünf Ströme. Am ersten Strom, dem Indus, eroberte Alexander, der Neue Dionysos, die als unbezwinglich geltende Bergfestung Aornos, am zweiten, dem Hydaspes, schlug er die letzte seiner Schlachten gegen den Radscha Poros (der bald zum Freund der Makedonen und später von ihnen ermordet wurde), eine strategische Meisterleistung, die die Überquerung des Flusses, die Elefanten und Streitwagen des Gegners zugleich bewältigte; am fünften Strom aber, dem Hyphasis, versagten ihm in den trostlosen Monsunregen des Frühsommers 326 seine Makedonen den Gehorsam. Nach einer schweren inneren Krise fügte sich Alexander – er hatte inzwischen erfahren, daß das Ende der Bewohnten Welt nicht

[7] Die Entfremdung zwischen den Makedonen und ihrem König zeitigte Mißtrauen und Verschwörungen und führte zu jenen drei Vorfällen, die das Bild Alexanders mehr als alles andere beflecken: 330 die Verurteilung des Philotas durch die Heeresversammlung und die Ermordung seines Vaters, des in Ekbatana zurückgebliebenen Parmenion, beides letztlich intrigante Justizmorde Alexanders; 328 der Totschlag an dem Freund und Lebensretter Kleitos dem Schwarzen, die Affekthandlung eines Trunkenen; und endlich 327 die Pagenverschwörung, die u. a. Kallisthenes das Leben kostete, dem Neffen des Aristoteles, dem ersten und offiziellen Alexanderhistoriker.

schon kurz hinter dem Ganges zu erreichen war –, doch nur um den Preis eines Kompromisses, eines Umwegs.

Im Frühjahr 325, als der Pandschab durch einen Satrapen, durch Städtegründungen und Verpflichtung von Vasallenfürsten dem Reich eingegliedert war, begann am Hydaspes jene märchenhafte, von zwei Heersäulen flankierte Fahrt der Indusflotte, die späterhin die Phantasie der Völker am stärksten beschäftigte. Mit dieser Fahrt, in deren Verlauf Alexander selbst bei der Erstürmung einer Stadt auf den Tod verwundet wurde, beginnt der letzte Abschnitt des Alexanderzuges, der an Strapazen und Verlusten nicht geringer war als die früheren, sie an wissenschaftlichem Ertrag aber weit übertraf. Kaum genesen, fuhr Alexander in den Indischen Ozean hinaus, erlebte hier, endlich einmal am Rande der Bewohnten Welt, die Gezeiten, man sah die Sonne im Norden stehen. Dann fuhr die Flotte unter dem Befehl des erfahrenen Kreters Nearchos aus, um den Seeweg nach der Euphratmündung neu zu öffnen; Alexander selbst begleitete die Fahrt an wasserarmer Küste zu Lande mit einer kleineren Abteilung, die im öden Belutschistan durch Kämpfe und durch den Wüstenmarsch stark dezimiert wurde, während der bewährteste der Generale, Krateros, das Gros auf einer bequemeren Nordroute nach Westen führte. Als sich die Heere allen Widerständen zum Trotz wieder vereinigten und der König nach einem Zug durch das reiche Karmanien die Persis erreicht hatte, war nach mehr als 20 000 Kilometern der Ring geschlossen, Asien ungefähr in den Grenzen des alten Perserreichs unterworfen.

Wie man später erfuhr, erwog Alexander, der die Umkehr am Hyphasis nicht vergessen hatte, in jener Zeit einen Plan, den er seiner nächsten Umgebung wohlweislich verschwieg, den Plan, mit einem Zug nach dem Westen, vor allem gegen Karthago, den Bau des Weltreichs durch die Einbeziehung des gesamten Mittelmeerraums zu vollenden. Dieser Einfall kennzeichnet das Denken des Ruhelosen. Doch zunächst galt es, die Ordnung wiederherzustellen, und damit war das Jahr 324 ausgefüllt. Die fünf Jahre der Abwesenheit, gegen deren Ende der König fast verschollen war, hatten das Gefüge des rasch eroberten Reiches nicht erschüttert, wohl aber waren zahlreiche Fälle von Korruption und viele Übergriffe lokaler Machthaber vorgekommen, in Medien versuchte ein Gegenkönig sein Glück, und der erste Finanzbeamte Alexanders, sein Jugendfreund Harpalos, hatte sich mit 5000 Talenten aus dem Staube gemacht. Schnell und streng ergriff Alexander die erforderlichen Maßnahmen, während sich Heer und Hof wie zu Zeiten der Achämeniden langsam durch die Zentrallandschaften des Reiches bewegten.

In Susa feierten mehr als 10000 Makedonen Hochzeit mit persischen und iranischen Frauen, nach dem Willen und auf Kosten ihres Königs, der selbst zwei Achämenidenprinzessinnen zu Gattinnen nahm. In der klaren Erkenntnis, daß die Kräfte des engen Balkanraumes nicht ausreichten, das eroberte und erträumte Weltreich ordnend zu beherrschen, suchte Alexander hier seinem Gedanken einer Verschmelzung der führenden Elemente die Zukunft zu sichern; mit der Ergänzung und Durchdringung in den Heeresabteilungen allein war es nicht getan. Hier in Susa ließ Alexander, vielleicht im Hinblick auf einen Westfeldzug, auch den Befehl an die Griechen ausfertigen, der die Heimkehr aller politischen Flüchtlinge gebot. Dieser Versuch, sich in Griechenland eine zuverlässige Anhängerschaft zu sichern, scheiterte an den Schwierigkeiten, die sich aus der Restituierung der eingezogenen Vermögen ergaben, doch zeigten sich die Griechen dafür nach eigenem Widerstreben in einer anderen Sache williger, der Forderung Alexanders, ihn in allen griechischen Poleis als Gott zu verehren[8].

[8] Dieser viel diskutierte, nur aus athenischen Quellen bekannte Erlaß hat die unterschiedlichsten Deutungen erfahren. Sicher ist, daß er nur an die Griechen, nicht an die Makedonen oder die asiatischen Untertanen gerichtet war, daß er mit der Proskynese

Man kam ins Zweistromland, zog an Babylon vorbei, den Tigris aufwärts. 10 000 Veteranen sollten in die Heimat entlassen, konnten vorerst nur durch stärkere Berücksichtigung der Iranier ersetzt werden. Darüber empörten sich die makedonischen Soldaten; Alexander konnte sie nur durch ganzen Einsatz seiner einmaligen Persönlichkeit beruhigen. Wenn auch König und Heer bald ein rauschendes Fest der Versöhnung feierten, zeigte der Vorfall doch klar, daß die tragende Säule der neuen Reichskonzeption, der Verschmelzungsgedanke, zugleich auch die schwächste des ganzen Systems war; schon vor dem Tode Alexanders war die Zukunft der hellenistischen Welt umdüstert.

Den Winter verbrachte der König in Ekbatana, wo Hephaistion starb, sein Patroklos, der erste unter den stolzen, reich gewordenen Siegern, der dem Raubbau an den eigenen physischen Kräften zum Opfer fiel. Alexander war auch hier, in Trauer und Verzweiflung, maßlos. 323 traf er in Babylon ein, der Stadt, vor der ihn die Seher warnten. Tausend Pläne und Geschäfte erfüllten die Tage, Erkundung der Euphratmündung, Meliorierung des Landes, Förderung der Kultur, eine Expedition sollte das Kaspische Meer erkunden, eine andere plante der König selbst zur Umsegelung Arabiens; Gesandte trafen ein, auch aus dem Westen, sogar aus Italien, wo 338 der Spartanerkönig Archidamos und 330 Alexanders gleichnamiger Oheim, der Molosserkönig, zu Tode gekommen waren; da griff inmitten der üblichen Zechereien das Fieber nach ihm, und in wenigen Tagen, nach einem wehmütigen letzten Abschied von seinen Soldaten, starb der König, knapp 33 Jahre alt, am 13. Juni 323[9].

und anderem persischen Zeremoniell wenig gemein hatte, wenig auch mit dem späteren Herrscherkult. Es handelt sich wohl um die Forderung nach einer sinnfälligen Anerkennung der absoluten Macht des Weltkönigs.

[9] Die modernen Diagnosen sind nicht einhellig: Malaria oder

Alexander war eben im Begriff gewesen. seine neue Hauptstadt Babylon zur Umsegelung Arabiens und vielleicht auch zur Eroberung des Westens für lange Jahre zu verlassen. Daher war sein Haus wohl bestellt, das Reich geordnet und ruhig. Makedonische Befehlshaber und Besatzungen, ergebene einheimische Satrapen und Vasallenfürsten, zahlreiche neu gegründete griechisch-makedonische Städte sicherten den Zusammenhalt, die Wege waren offen, materielle Güter und wissenschaftliche Erkenntnisse gelangten auf ihnen leicht in die Stammlande, die eben von einer Wirtschaftskrise heimgesucht worden waren, und aus diesen strömten zahllose unternehmungslustige Menschen in die Weite des Reiches, um hier ihr Glück zu suchen. Alle diese Kommunikationen versprachen eine bessere Zukunft, und die neuen Impulse waren so kraftvoll, daß sie trotz der jähen Zäsur, die der Tod des Königs bedeutete, die Geschichte Europas für alle Zeiten beeinflußten.

Doch dem wohlbestellten Haus fehlte der Erbe, der jugendliche König hatte nichts für den Fall seines Todes geregelt. Von seinen vier Königinnen hatte er nur einen einzigen Sohn, Herakles, der als unebenbürtig galt, ein zweiter, Alexander IV., wurde ihm von der Baktrierin Roxane nachgeboren. In den Beratungen zu Babylon setzte sich jedoch die makedonische Phalanx gegen die Adeligen und die Generale durch: Nachfolger wurde der schwachsinnige Bruder Philipp III. Aber das spielte nur eine untergeordnete Rolle, denn in den Kämpfen der nächsten dreißig Jahre wurde das gesamte Haus Philipps erbarmungslos ausgerottet[10].

Lungenentzündung. Entscheidend war die geringe Widerstandsfähigkeit einer durch Überanstrengung, Verwundungen, Ruhr und Alkoholmißbrauch geschwächten Konstitution.

[10] Alexander hatte fünf Geschwister, vier Gemahlinnen, zwei Söhne und drei Neffen. Sie alle starben eines gewaltsamen Todes bis auf einen Neffen, Philipp IV., der nach viermonatiger Herrschaft in Makedonien 297 der Schwindsucht erlag.

Die tatsächliche Entscheidung lag beim Heer und seinen Generalen, genau genommen nur bei den Söhnen der makedonischen Adelshäuser, denen Herkunft und Leistung zugleich das nötige Prestige verlieh. Keiner war in der Lage, einfach an Alexanders Stelle zu treten, wie selbstverständlich wurden sofort alle Eroberungspläne kassiert. Doch im Rahmen des bereits Gewonnenen die eigene Position und die eigenen Ansprüche mit allen Mitteln der Diplomatie und der Kriegskunst zu verteidigen, dazu waren diese herrischen, befehls- und kampfgewohnten Männer, die in der Schule eines Philipp und Alexander siegen gelernt hatten, durchaus in der Lage. So war der Kampf der gleichgewichtigen Rivalitäten unvermeidlich.

Die Zeit der Diadochen, die im Jahre 281 mit dem Tode des Seleukos endete, brachte die Umwandlung des Alexanderreiches in ein einigermaßen konsolidiertes Staatensystem, doch diese Lösung lag nicht von vornherein zutage. Im Verlauf der wechselvollen und endlosen Kriege jener 42 Jahre schälten sich vielmehr drei widerstreitende Tendenzen heraus, zwischen denen eine Entscheidung gefällt werden mußte, die bis zum letzten Augenblick ungewiß blieb. Der nächstliegende und natürlichste Gedanke war der der Treue zum Herrscherhaus, dem die Stütze einer starken Reichsverweserschaft den Thron sichern sollte, bis ein regierungsfähiger Nachfolger herangewachsen war. Ihm widersetzte sich der partikulare Egoismus ehrgeiziger, fähiger Satrapen, die, kaum daß sie in ihrem neuen Lande verwurzelt waren, das Eroberungsrecht zur Legitimierung ihrer eigenen dynastischen Bestrebungen in Anspruch zu nehmen suchten. Für diese Tendenz arbeitete die Zeit, sie obsiegte schließlich, doch sie wurde immer wieder gefährdet durch die dritte Konzeption, die Versuche einiger weniger, die glaubten, nach Ausschaltung des angestammten Königshauses aufgrund ihrer besonderen Befähigung oder ihrer Hausmacht den Griff nach dem Gesamtreich wagen zu können.

Die neuen Entwicklungen leiteten sich um so ungezwungener ein, als in den entscheidenden Tagen nach Alexanders Tod die ersten Autoritäten nicht zur Stelle waren. Krateros, der beste und treueste Offizier Alexanders, befand sich mit den Veteranen auf dem Rückmarsch nach der Heimat, und der Doyen der makedonischen Adeligen, der greise Stratege von Europa, Antipater, hatte Asien noch nicht betreten und war obendrein durch eine Erhebung Griechenlands festgehalten[11]. Als er endlich erschien – inzwischen war Krateros gefallen, und der erste Regent, der ehrgeizige Perdikkas, auf einem Feldzug gegen Ptolemaios in Ägypten umgekommen –, konnte er zu Triparadeisos in Syrien (321) die Verteilung der Macht nicht mehr wesentlich beeinflussen. Die Könige nahm er in seinen Schutz, führte sie nach Europa, in den entscheidenden Positionen aber begegnen alle jene großen Namen, denen die Zukunft gehörte: Die Satrapen Ptolemaios von Ägypten und Lysimachos von Thrakien wurden neben vielen anderen bestätigt, Seleukos erhielt Babylonien, den Befehl über das Reichsheer aber der Einäugige Antigonos von Phrygien, trotz seiner sechzig Jahre voll Tatkraft und Machthunger, die imponierendste Gestalt unter den Diadochen.

Antipater starb 319. Jetzt war der Raum für neue Kräfte, neue Kämpfe frei. Makedonien sicherte sich schließlich sein Sohn Kassander, der auch Athen gewann, das ihm der athenische Peripatetiker Demetrios zehn Jahre lang als aufgeklärten Wohlfahrtsstaat verwaltete. Während es mit der

[11] Der Lamische Krieg des Jahres 322 (nach der Stadt Lamia am Malischen Golf benannt, in der Antipater eingeschlossen wurde) wurde durch eine Schlacht bei dem thessalischen Krannon entschieden; er brachte Athen den endgültigen Verlust seiner Flotte (Schlacht bei Amorgos), eine makedonische Besatzung im Piräus, eine neue, timokratische Staatsordnung und den Tod seiner bedeutendsten Redner und Volksführer, Hypereides und Demosthenes.

Reichsverweserschaft und den Chancen der Argeadendynastie hoffnungslos bergab ging[12], offenbarte es sich zusehends deutlicher, daß Antigonos nach der Herrschaft über Asien strebte, indem er nicht nur seinen gefährlichsten Gegner, den verschlagenen Griechen Eumenes, beseitigte, sondern auch die Satrapen Innerasiens auf seine Seite brachte. Erst eine empfindliche Niederlage, die sein Sohn Demetrios vor den Toren Ägyptens einstecken mußte, gebot ihm Einhalt; 311 kam es zu einem Frieden, der neben Antigonos und seinem kleinasiatisch-syrischen Mittelreich nur mehr mit drei Machthabern rechnete, Ptolemaios von Ägypten, der auch Zypern mit seinem Kupfer und seinem Holz besaß, Lysimachos von Thrakien, dem dauernde Grenzkämpfe im Norden wenig freie Hand ließen, und Kassander von Makedonien, der zwar Alexanders Halbschwester Thessalonike geheiratet hatte, trotzdem aber nur Platzhalter für den jungen Alexander IV. sein sollte.

Teuer war diese Regelung erkauft, da der Königsmord an Alexander und Roxane die unausbleibliche Folge war. Dennoch hielt sie nicht vor, denn Antigonos konnte sich nicht gegen Seleukos durchsetzen, der sich mit des Ptolemäers Hilfe in Babylonien behauptete und nun seinerseits daran ging, sich den Osten des Reiches zu sichern, freilich ohne die indischen Gebiete, die er in einem Friedensschluß dem mächtigen Maurya-Herrscher Tschandragupta (321–297) überließ. Als der Sohn des Antigonos, Demetrios, nachmals wegen seiner ebenso großartigen wie nutzlosen Belagerung von Rhodos (305/4) der Städtebelagerer zubenannt, den gleichnamigen Philosophenherrscher aus Athen vertrieb und so die Stadt Kassander entriß, die ihn jubelnd als Befreier und Gott

[12] Wesentliche Schuld daran trug Alexanders Mutter Olympias, die, aus Epirus heimkehrend, gegen das Königshaus und den makedonischen Adel wütete, bis sie selbst von Verwandten ihrer Opfer getötet wurde.

begrüßte; als er sogar durch eine Seeschlacht bei Salamis dem Ptolemaios das lebenswichtige Zypern abnahm, hielten die Antigoniden ihre Stunde für gekommen: Im Frühjahr 306 beschenkte Antigonos sich selbst und seinen Sohn mit dem Königstitel. Aber eine nun unvermeidlich gewordene Invasion Ägyptens mißlang, und daraufhin zog im nächsten Jahr Ptolemaios, zogen Kassander, Seleukos, Lysimachos gleich. Fünf Monarchien, fünf Könige gab es nun auf dem Boden des Alexanderreichs, dessen Einheit längst Fiktion geworden war: die hellenistische Welt war an seine Stelle getreten.

Noch aber waren die Machtkonstellationen nicht in ihr endgültiges Stadium gelangt. Nach wie vor dachten Antigonos und sein Sohn, der strahlende, ritterliche, unstete Demetrios, der Alkibiades unter den Diadochen, an ihren letzten, größten Plan. Demetrios, der wie sein Vater stets die Beziehungen zu den griechischen Städten pflegte, gewann in Griechenland gegen Kassander an Boden. Als er seine Erfolge mit einer Erneuerung des Korinthischen Bundes krönte (302), eines Bundes, der sich diesmal gegen Makedonien richtete und außerdem den Einfluß der Ptolemäer in der Ägäis gefährdete, brachte dies ein Bündnis der Rivalen zustande. Im Herzen seines Landes Phrygien, bei Ipsos, erlag der achtzigjährige Antigonos der überlegenen Strategie des Lysimachos und den Elefantenmassen des Seleukos; die Sieger teilten sich in die Beute, Kleinasien wurde zu Thrakien geschlagen, Syrien fiel, soweit es nicht Ptolemaios an sich gerissen hatte, an den Seleukiden.

Mehr als zwanzig Jahre waren seit Alexanders Tod nun vergangen, die Kameraden des großen Königs wurden alt. Lysimachos, Ptolemaios, Seleukos, sie hatten ihre Reiche und ihre weit verzweigten Familien. Diplomatie und Heiratspolitik ersetzten allmählich die kriegerische Aktion, der König Ägyptens schrieb an seiner Geschichte des Alexanderzuges, der besten Quelle in dem vielfältig verflochtenen

Strang unserer Überlieferung. Nur Demetrios, der einer jüngeren Generation angehörte, irrlichterte noch über die Meere, konnte nach dem Tode Kassanders (298) in Griechenland, dann auch in Makedonien Fuß fassen, ein schlechter König, der die europäischen Länder in unaufhörliche Kriege stürzte, bis ihn seine Nachbarn, der alte Lysimachos und der leuchtende junge Stern unter den hellenistischen Fürsten, Pyrrhos von Epirus, davonjagten und er endlich, von Seleukos interniert, aus dem politischen Spiel verschwand (283). Es schien so, als sollten die alten Helden in Frieden sterben; 283 ging Ptolemaios dahin – der kluge, stets beherrschte Mann hatte sich bereits von den Regierungsgeschäften zurückgezogen –, doch 281 flammte aus undurchsichtigen Gründen – Familienzwist und Hofintrigen spielten mit – der Krieg noch einmal auf. Auf dem Kurosfelde in Westkleinasien fiel Lysimachos; Seleukos der Sieger aber, der letzte der Diadochen, träumte von einem Oberkönigtum im Reich seines Kriegsherrn Alexander. Da ließ sich der greise König von einer Krankheit bestimmen, die er seit langem in sich getragen, dem Heimweh; nach mehr als fünfzig Jahren betrat er noch einmal den Boden Europas – und wurde kurz darauf von einem Ptolemaios ermordet, dem Sohn seines alten Waffengefährten. Alexander und seine Zeit gehörten endgültig der Geschichte an.

DIE HELLENISTISCHE WELT

Das hellenistische Staatensystem, das nun eine neue Generation bestimmte – der glanzvolle Ptolemaios II. Philadelphos, der Seleukide Antiochos, Sohn einer iranischen Mutter, und Antigonos Gonatas, der philosophisch gebildete, seinem Vater so unähnliche Sohn des Demetrios –, erlebte in den nächsten achtzig Jahren seine höchse Entfaltung. Die drei Reiche der Ptolemäer, Seleukiden und Antigoniden waren nun die legitimen Nachfolger des Alexanderreiches und hatten als solche zunächst die Aufgabe, den äußeren Bestand des Erbes zu wahren. Doch auch in der Zeit ihrer höchsten Blüte gelang ihnen dies nur schlecht. Die Könige Asiens vermochten die Weiträumigkeit ihrer Reiche durch die verhältnismäßig dünne griechisch-makedonische Oberschicht nur schwer zu bewältigen, Makedonien aber stand vor der schier unlösbaren Aufgabe, die mit äußerster Anspannung errungene, stets auf Zwang, nie auf echte innere Beteiligung gegründete Vorherrschaft im Balkanraum zu erhalten. Allen drei Dynastien gemeinsam war, daß sie die schlimmsten Übel ihrer kleinmakedonischen Vergangenheit ererbt hatten, die sich je länger desto stärker bemerkbar machten: den inneren Zerfall des Herrscherhauses, das sich bei jeder sich nur bietenden Gelegenheit in Selbstzerfleischung und Bürgerkrieg schwächte, und die Rivalität der maßgeblichen Fürstenhäuser, die sich nun in einem nie entschiedenen und darum nie endenden Streben nach der Führung in der gesamthellenistischen Welt äußerte.

Auf die Sicherung ihrer äußeren Grenzen brauchten die von der Natur begünstigten Ptolemäer, deren Reich Ägypten und die Cyrenaika umfaßte, nicht viel Augenmerk zu richten.

Sie konnten daher ihre politische und militärische Stoßkraft zur Erweiterung ihrer Rohstoffbasis – es fehlte ihnen vor allem an Schiffbauholz und Edelmetallen – in das Innere der hellenistischen Welt lenken, und zwar zunächst mit beachtlichem Erfolg. Ihre Position in der Ägäis, wo der Bund der Inselstaaten ihre Stütze war, ging ihnen zwar verloren[1], doch sie behaupteten das wichtige Zypern. Es gelang ihnen auch, ihre syrisch-phönikischen Besitzungen in vier Syrischen Kriegen gegen die Seleukiden zu halten – allerdings um einen hohen Preis, denn der vierte Ptolemaios benötigte für seinen Sieg bei Raphia (217) die Hilfe ägyptischer Soldaten –, erst nach dem fünften, 201, lag die Grenze des Seleukidenreichs vor den Toren Ägyptens. Später waren die schwachen Ptolemäer auf die ebenso wirksame wie eigennützige Unterstützung durch Rom angewiesen.

Ungleich ungünstiger war die Lage des Seleukidenreiches, zumal sich sein Schwerpunkt, vor allem durch die Städtegründungen des ersten Seleukos, in den nordsyrischen Raum verschob, wo die Residenzstadt Antiocheia vergeblich versuchte, dem Alexandreia der Ptolemäer den Rang abzulaufen. Der Diadoche hatte durch seinen letzten Krieg seine Nachfolger mit einer schweren Hypothek belastet, denn ihm verdankte das Reich von Pergamon seine Entstehung, das sich in Kleinasien stetig ausbreitete, vor allem im Kampf gegen die Kelten, die, 278 über die Meerengen gerufen, ihr Reich in der Zentrallandschaft der Halbinsel errichteten, das unablässig von allen Seiten bekämpft und besiegt wurde und doch alle hellenistischen Staaten überdauerte. In ihre inneren und ihre ‚hellenistischen' Streitigkeiten verstrickt, konnten die Seleukiden auch jenen partikularistischen Tendenzen nicht wirksam entgegentreten, die sich vor allem im Norden

[1] Ob dies durch die Niederlage gegen Antigonos Gonatas in der Seeschlacht bei Kos und im Jahre 261 geschah, ist nach wie vor umstritten, doch steht die Tatsache an sich außer Zweifel.

ihres Gebiets – zum Teil in Landschaften des alten Achämenidenreichs, die Alexanders Eroberungszug nie berührt hatte – breit machten: Bithynien, Pontus, Kappadokien, Armenien, Nordmedien errichteten eigene Monarchien und gewannen ein zunehmendes Maß an Selbständigkeit.

Seine schwersten Einbußen erlitt das Seleukidenreich jedoch im Osten, wo die Preisgabe der Verschmelzungspolitik Alexanders des Großen die Tendenzen einer nationalen persisch-iranischen Restauration verstärkte. Die Veränderungen ergaben sich jedoch nicht – oder noch nicht – aus ihnen, sondern aus zwei Machtbildungen, die fast gleichzeitig in der zweiten Hälfte des dritten Jahrhunderts wirksam wurden: aus dem Vordringen des parthischen Arsakidenreichs, das sich von Turkmenistan her allmählich nach Süden schob, und aus dem Baktrischen Reich, das ein ungetreuer Satrap, Diodotos, gestützt auf die gerade hier besonders zahlreichen griechisch-makedonischen Kolonien Alexanders des Großen, aus dem Verband des Seleukidenreiches löste. All diesen Zerfallstendenzen trat noch einmal ein bedeutender Seleukidenherrscher entgegen, der ‚Großkönig' Antiochos III. (223–187), der auf den Spuren Alexanders bis Indien zog, doch sein Wiederherstellungsversuch blieb, vor allem infolge seiner katastrophalen Niederlage gegen die Römer, ephemer.

Wenn sich Makedonien in der ungünstigsten Konstellation seiner Geschichte noch mehr als hundert Jahre lang behaupten konnte, so dankte es dies vor allem der harten, nüchternen, Achtung gebietenden und doch durch und durch machiavellistischen Gestalt seines Königs Antigonos Gonatas (277–239)[2]. Antigonos glich mehr seinem gleichnamigen Großvater, dem Einäugigen, als seinem Vater, dem schönen, ritterlichen

[2] Er erinnert in mancher Hinsicht an Friedrich II. von Preußen, wenn er, in der Philosophie der Stoa und ihrer Pflichtenlehre groß geworden, die Kräfte seines Landes zu organisieren und die militärische Schlagkraft zu stärken weiß, wenn sich seine Politik

Demetrios, aus dessen desolater Politik er nur einige Trümmer des makedonischen Reiches retten konnte. Seinen mehr als bescheidenen Anfängen kam eine unerwartete Wendung zu Hilfe. Als die nördlich der unteren Donau angestauten Keltenstämme die Gewißheit gewonnen hatten, daß sie das gute Schwert der großen Alexandergenerale Lysimachos und Seleukos nicht mehr zu fürchten brauchten, überrannten sie in einer verheerenden Invasion Thrakien und das durch Thronwirren geschwächte Makedonien und drangen bis Mittelgriechenland vor, wo sich die Ätoler mit einigem Erfolg zur Wehr setzten. Der erste eindeutige Sieg über die wirren Gewalthaufen landsuchender Stämme, von denen ein Teil bereits nach Kleinasien übergesetzt war, blieb indes Antigonos vorbehalten (Schlacht bei Lysimacheia, 277), und er gewann ihm zugleich den Thron Makedoniens. Antigonos wurde auch mit dem ewig unsteten Pyrrhos von Epirus fertig, der nach seinem mißglückten Abenteuer in Italien und Sizilien – dort hatte er vergeblich versucht, den Militärdiktator Siziliens und Besieger der Karthager, König Agathokles von Syrakus (317–289), zu beerben – erneut nach der Krone Makedoniens strebte: der Kampf der Könige endete in Argos, wo Pyrrhos im Straßenkampf ein unrühmliches Ende fand.

Zäh erwehrten sich die Antigoniden fortan der doppelten und dreifachen Bedrohung Makedoniens. Immer wieder gelang es, die Nordgrenze gegen Kelten und Dardaner abzusichern, den Einfluß der Ptolemäer in der Ägäis zurückzudämmen und ihre Verbündeten, Athen und Sparta, für lange Zeit niederzuhalten (Chremonideischer Krieg, 267–61), doch in Griechenland bildeten sich neue Machtfaktoren, deren

im Wechsel übermächtiger Koalitionen behauptet; es kennzeichnet seine Persönlichkeit, daß anekdotische Überlieferung ihm zutraut, er habe die Festung Akrokorinth erobert, indem er mit seinem Krückstock an das Tor geklopft und Einlaß begehrt habe.

Makedonien nicht mehr Herr wurde. Seit dem Keltensturm und der makedonischen Anarchie traten zwei Bünde stärker hervor, im Norden des Golfs von Korinth der Bund der Ätoler, die sich auf ihre Erfolge gegen die Kelten einiges zugute taten, und südlich davon der Bund der Achäer. Hatten die Ätoler, die die Stämme des Nordwestraums organisierten, bald als Krieger und Seeräuber einen gefürchteten Namen, so besaßen die Achäer der Peloponnes in der Person des Aratos von Sikyon einen überragenden Politiker, der ihr Geschick wendig und verschlagen, nicht immer unangefochten, doch im ganzen erfolgreich mehr als ein Vierteljahrhundert lang (245–213) bestimmte. Da die makedonischen Könige diese Bünde nicht zerschlagen konnten, blieben ihnen nur politische Möglichkeiten, die schließlich in die übliche Koalition mit dem übernächsten Nachbarn mündeten: Makedonien und die Achäer gegen die Ätoler und Sparta. Diese Konstellation gestattete es Philipp V. (221–179) nicht mehr, die stärkste aller Bedrohungen Makedoniens im Keime zu ersticken: Seinen Versuch einer wirksamen Kooperation mit Hannibal durchkreuzten die Römer ohne weiteres, indem sie sich mit den Ätolern verbündeten (1. Makedonischer Krieg, 215–05).

Wer die politischen und militärischen Ereignisse der hellenistischen Geschichte über die Jahrtausende hinweg betrachtet, dem bieten sie den Eindruck eines verwirrenden, sinnlosen Durcheinanders, einer bedrückenden Nutzlosigkeit menschlichen Strebens und Wollens: wir glauben eine Welt zu sehen, die zum Untergang bestimmt ist, eine Welt in der Defensive, die erst durch ihr Hinsterben ihren Sinn erhält, ob man sie an der christlichen Offenbarung mißt oder an dem Fortgang der europäischen Geschichte im römischen Weltreich. Zu einem Teil mag dies an dem tristen Zustand der Überlieferung liegen, die uns manchen notwendigen und erwünschten Einblick verwehrt und schon Johann Gustav Droysen, kurz bevor er seine Arbeit abbrach, den emphatischen Ausruf entlockte: ‚Wie ein Totenacker ist diese Geschichte, die Leichensteine sind verwittert und versunken, und im wüsten Wirrwarr liegen die Gebeine.' Zum Teil ergibt sich aber der Eindruck des Verfehlten, des Nicht zu Ende Gebrachten oft und oft aus den Erscheinungen selbst. Da ist die ewige Unruhe des Polisgriechen, der, so scheint es, neue Formen überstaatlichen Zusammenschlusses nur ersinnt, um dem alten Hang zum kleinräumigen Bruderkampf nachgehen zu können. Da ist der bereits angedeutete, je länger desto stärker fühlbare Selbstmord der Dynastien, die nie der im alten Makedonien entwickelten Praxis entsagten, das der Heeresversammlung zustehende Wahlrecht dadurch zu paralysieren, daß man chancenreiche Thronbewerber aus der eigenen Familie vorsorglich beseitigte.

Doch in diesen negativen Momenten erschöpft sich die Gemeinsamkeit der hellenistischen Welt keineswegs. Ihr entscheidender Faktor ist vielmehr durchaus positiver Art: die griechisch bestimmte Kultur und Gesittung der herrschenden Schichten. Wer diese Kultur in ihren Umrissen überschaut, rückt dem Wesen des Hellenismus ein gutes Stück näher; an ihren großen Leistungen wird er ermessen, daß die Menschen jener Zeit nicht nur, wie uns die durch die zeitliche Distanz bedingte perspektivische Verkürzung glauben machen will, dem Krieg und dem Streit im eigenen Hause lebten, sondern die Möglichkeiten ihres Daseins bei aller Vielfalt im einzelnen im Sinne ihrer Einen Welt zu nutzen verstanden.

Es ist allgemein bekannt, denn wir wissen es aus der Geschichte der Heiligen Schrift, daß der Hellenismus aus der Vielzahl der griechischen Dialekte eine allgemeine Verkehrssprache entwickelte, die *koiné,* eine Weltsprache, in der sich die Gebildeten und die Weitgereisten nicht nur in den hellenistischen Staaten, sondern auch bei den Nachbarn und den Nachfolgern, Römern und Parthern, zu verständigen wußten. Die Notwendigkeit einer Fixierung auf eine vereinheitlichte und etwas vereinfachte Form ergab sich von selbst und ohne bewußte schöpferische Akte daraus, daß Menschen verschiedener Zunge zum amtlichen oder wirtschaftlichen Verkehr, aus politischer Ambition oder einfach aus Prestigegründen nach der Teilhabe am Griechischen drängten.

Der Verbreitung der Sprache vergleichbar ist die Ausstrahlung des griechischen Lebensstils und der griechischen Kulturgüter, wenngleich sie zufolge des Gewichts der lokalen, der ethnischen Traditionen weniger Kraft entfaltet und in den Randzonen leicht in Barbarisierung abgleitet[3]. Auch dies ist Umformung, Ausformung eines griechischen Erbes, das den Zenit seiner schöpferischen Fähigkeiten längst überschritten, die in ihm ruhenden Möglichkeiten durchgestaltet hatte.

Wo die Grundstrukturen einer Welt erst unverrückbar festgelegt sind, bleibt den Späteren, denen die Weiterarbeit auferlegt ist, nur die Perfektion. Perfektion in der Beherrschung der technischen Möglichkeiten, die die Schranken zwischen Mimesis und Wirklichkeit spielend überwindet und sich notwendig in realistischer Darstellung Befriedigung verschafft; Perfektion auch in der souveränen Beherrschung der Maßstäbe, wo der Anreiz versiegt ist, die Proportionen zu ändern: Flucht ins Gigantische und ins Detail. All diese Erscheinungen weist die hellenistische Kultur in überreichem Maße auf. Ihre Kunst, die auch Techniken der neu gewonnenen Gebiete aufzunehmen vermag, etwa der Mosaikarbeiten Syriens, der Glasverarbeitung Syriens und Ägyptens, drängt ebenso ins Monumentale und Überdimensionale, wie sie die kleine Form zu pflegen weiß und sich nicht scheut, hier Themen aus den dem Klassischen fremden Motivkreisen des Alters, der Kindheit und der menschlichen Gebrechen aufzugreifen. Ihre Lite-

[3] Im Jahre 53 v. Chr. feierten der König der Parther und der König von Armenien den Sieg bei Karrhae über M. Licinius Crassus. Ein griechischer Schauspieler rezitierte aus einer Tragödie des Euripides, — und verwendete als Requisit den abgeschlagenen Kopf des römischen Feldherrn.

ratur droht durch Philologie verdrängt zu werden, gefällt sich bisweilen in bewußt schwer verständlich gehaltenen Beweisen poetischer Gelehrsamkeit, doch in ihren besten Augenblicken kultiviert sie das Epigramm, die Idylle – mit der Großstadt entsteht zugleich die Abwendung vom städtischen Leben, der Ruf Zurück zur Natur – und das Chanson, und pflegt daneben, abgesehen von einer neuen Freude an großer epischer Gestaltung, den umfangreichen Roman.

Der sachliche, wissenschaftliche Ton des Spezialisten durchzieht das geistige Leben, Universalbegabungen wie Eratosthenes von Kyrene oder später Poseidonios von Apameia werden viel bestaunt, obwohl sich die Weite ihrer Interessen nicht mit der eines Aristoteles messen kann. Die Spezialisten bestimmen den Fortschritt, prägen die ‚Moderne'. Die Philologie, konservierend und konservativ, sammelt die Schätze der Vergangenheit, vor allem in den großen Bibliotheken von Alexandreia und Pergamon, sichtet und wertet, bestimmt zusammen mit der Schulpraxis den Kanon der Klassiker, erweckt das Interesse für literarische Fragen und pflegt die Biographie. Die Geschichtsschreibung greift, soweit sie nicht von der einmaligen Erscheinung Alexanders fasziniert ist, ihrerseits die große und die kleine Thematik mit besonderer Vorliebe auf, die Universalgeschichte und die Stadtgeschichte. Gewaltig sind die Fortschritte der Mathematik und der Physik – Euklid und Archimedes sind Namen, die heute noch jedermann kennt –, mit denen die der Medizin, der Astronomie und der Geographie, sowie anderer Naturwissenschaften durchaus Schritt halten können[4]. Die Ergebnisse wurden in Lehrbüchern oder in der seltsam anmutenden, doch leichter merkbaren Form des Lehrgedichts festgehalten.

[4] Möglichkeiten und Grenzen der hellenistischen Wissenschaft zeigen deutlich zwei Entdeckungen, die an sich revolutionierend waren und doch keine Revolution verursachten: Aristarch von Samos konnte sich mit seinem heliozentrischen System gegenüber

Hellenistische Wissenschaft war ihrem Wesen nach durchaus griechisch, sowohl durch ihre Herkunft und durch ihre Sprache, als auch im Vorherrschen des Theoretischen, der fühlbaren Reserve gegenüber dem Praktischen, dem ‚banausischen' Experiment. Und griechisch ist auch die hellenistische Philosophie, denn alle ihre Schulen kommen von Sokrates und seiner Frage nach dem Menschen her. Platons Akademie und das Lykeion des Aristoteles hatten bereits im vierten Jahrhundert Athen in einem Maß zur Hochburg der Philosophie gemacht, daß die Stadt in hellenistischer Zeit, ja bis zum Ende der Antike ein fast lückenloses Monopol auf Philosophenschulen besaß. Wie selbstverständlich siedelten sich in Athen auch die beiden neuen Schulen an, die versuchten, auf die Unbegreiflichkeit der durch Alexander ausgelösten geschichtlichen Umwälzung, auf die Verlorenheit denkender Menschen in der größeren Welt eine Antwort zu finden, die Stoa des Phönikers Zenon und der Garten des Atheners Epikur. Ihre Lehren präzisieren mit wünschenswerter Deutlichkeit die beiden denkbaren Standpunkte: die Stoiker gaben die große Lösung, die mutig bejahende, gaben dem Menschen Anteil an der kosmischen Kraft, beheimateten den Weisen in der Welt, lehrten ihn die Vervollkommnung einer autarken Persönlichkeit und die Pflicht, in den leidigen Händeln der Welt wenn nötig Position zu beziehen – Epikur dagegen verneinte, baute dem Menschen das kleine Schneckenhaus seines Ichs – Gerhard Nebel hat diese Philosophie einmal treffend mit dem Schlagwort ‚Angst vor der Angst' motiviert –, zeigte in feinnerviger Selbstanalyse und pessimistischer Selbstbeschränkung den höchsten Genuß im Freisein

der Autorität des Aristoteles nicht durchsetzen, und das Prinzip der Dampfmaschine, das bei Heron von Alexandreia entwickelt ist, entsprach in einer Welt, die auf die billigen Arbeitskräfte der Sklaven und Hörigen, der Tempel- und Königsbauern eingespielt war, nicht einem echten Bedarf.

vom Schmerz, eine schöne, reine, liebenswerte Lehre, die freilich schon darum den Todeskeim in sich trägt, weil ihre Vertreter letztlich nur als Parasiten der geschichtlichen Wirklichkeit, die sie ablehnen, im Verborgenen leben können.

Philosophie hatte in hellenistischer Zeit eine bisher nicht erlebte Breitenwirkung, wenn auch nur in der handfesten Form einer aus dem praktischen Leben angereicherten und für das praktische Leben bestimmten Ethik, wie sie die kynischen Wanderprediger und Traktätchenschreiber vermittelten. Doch dies kann nicht darüber hinwegtäuschen, und war auch kein Ersatz dafür, daß die Religion der Griechen nicht jene prägende Wirkung auf die Völker der hellenistischen Welt ausüben konnte, die Sprache und Kultur erreichten. Die griechische Religion war von Anbeginn an weltoffener, stärker beteiligt im Geben und Nehmen des Eigenen und des Fremden als die politischen Formen und die kulturellen Schöpfungen der Hellenen. Hinzu traten die Auswirkungen des Mündigwerdens, der Selbstbefreiung des griechischen Geistes, unter dessen mannigfaltigen Gestaltungen atheistische und materialistische Tendenzen nicht ohne Nachhall blieben. Eben jene intellektuelle Überlegenheit, die letztlich der herrschenden Minderheit ihre Herrschaft sicherte, mußte sich ihrer Natur nach als unfähig erweisen, die Völker des Orients in ihrer ganzen Breite und Tiefe zu gewinnen. Die ägyptische Isis, die syrische Atargatis, der phönikische Melkart, die Religion Zarathustras ließen allenfalls einen hellenistischen Anstrich zu, erst nach Generationen eine tiefere Beeinflussung, doch da hatten sie längst schon in Wechselwirkung und gegenseitiger Durchdringung größere Teile der Völker, einschließlich der Griechen und Makedonen, erfaßt: das Ergebnis war nicht die Ersetzung der orientalischen Götter durch hellenische, sondern die Vermischung, die ‚Theokrasie', wie Johann Gustav Droysen sagte[5]. Nichts

[5] Droysens Hellenismusdefinition — wir wählen eine von zahl-

veranschaulicht sie besser als die Gestalt des griechisch-ägyptischen Heilgottes Sarapis, der ein Jahrtausend lang zahllose Wunder wirkte und doch nichts anderes ist als eine Reißbrettkonstruktion des ersten Ptolemäers, deren Entstehung wir ziemlich genau verfolgen können.

Da es weder griechischer Religion und Philosophie, noch der Intensität orientalischer Frömmigkeit gegeben war, eine einheitliche hellenistische Weltreligion oder auch nur einheitliche Reichsreligionen in den einzelnen Teilen spontan zu stiften, mußte die Religionspolitik der Dynastien versuchen, mit ihren Mitteln der inneren Verfestigung ihrer Machtgebiete aufzuhelfen. Höchste Bedeutung hatte diese Frage für die Ptolemäer, die über ein Volk regierten, das Jahrhunderte lang fanatischen nationalen Widerstand gegen die persischen Eroberer geleistet hatte; wenn sie sich behaupten wollten, mußten sie die Herzen der Menschen gewinnen oder zumindest alles vermeiden, was ihre religiösen Gefühle verletzen konnte. Im großen und ganzen ist dies den Ptolemäern trotz manchen Aufständen in ihren letzten beiden Jahrhunderten so gut gelungen, daß auch noch die römischen Caesaren davon profitierten. Allerdings waren die Voraussetzungen hierfür besonders günstig. Toleranz und Behutsamkeit im Umgang mit den einheimischen Priesterschaften verstanden sich von selbst; außerdem brauchten die makedonischen Erobererkönige – sie taten es alsbald, und Augustus wurde hierin ihr Nachfolger – für ihre ägyptischen Untertanen nur in die Stelle Pharaos einzutreten, dessen kultische Verehrung von selbst den zähen Konservatismus ägyptischen Denkens in ihre Bahnen lenkte.

reichen Formulierungen: ‚Die Vereinigung des Abendländischen mit den verschiedenen Potenzen der östlichen Volkstümlichkeiten' – ist von den Religionen her gesehen und im Grunde nur für sie gültig. Aber der angesprochene Sachverhalt war Alexander dem Großen eigentlich schon in dem Augenblick selbstverständlich, als er die Oase Siwa betrat.

Freilich war damit noch nicht alles getan, zumal das Ptolemäerreich in seinen besten Zeiten weit über die Grenzen Ägyptens hinausgriff. Doch die Ptolemäerdynastie dankte der Geschicklichkeit ihres Gründers noch einen kostbaren Besitz, um den sie die anderen hellenistischen Reiche beneideten: das Alexandergrab in Alexandreia. Der Gott Alexander, dessen irdisches Wirken allmählich zum Mythos wurde, dessen Präsenz nach wie vor zahlreiche Münzen kündeten, bedeutete die stärkste Legitimation der von den Diadochen begründeten Dynastien, die Verankerung ihres Erobererrechts im Weltgesetz.

Machte die Gunst der Umstände die Alexanderverehrung zu einem spezifisch ptolemäischen Reichskult, so ist der ebenso folgenschwere wie befremdlich dünkende Königskult eine gemeinhellenistische Erscheinung der Reiche auf asiatischem Boden. Seine Wurzeln sind griechisch, sie liegen im Bereich der Polis, die seit eh und je auf Gedeih und Verderb mit ihrer Gottheit verbunden war. Wenn sich im blutigen Auf und Ab der griechischen Geschichte Politen innerlich damit abgefunden hatten, daß ihr und ihrer Stadt Schicksal nicht mehr vom Glauben an sich selbst, sondern von den Entscheidungen eines von außen kommenden Übermächtigen abhing, bedeutete es für sie nur einen kleinen Schritt, die kultische Verehrung der Schutzgewalt von einem unsichtbaren, unwirksamen Olympier auf die Epiphanie eines Lebenden zu übertragen, zumal wenn er als ‚Befreier' auftrat. Spontane Ansätze hierzu gab es schon bei Lysander, und das Ansinnen Alexanders des Großen von 323 wurde zumindest von den Griechen für diskutabel gehalten. Voll entfalteten sich die kultischen Vorstellungen in Sprache und Zeremoniell im Jahre 307 beim Empfang des Demetrios in Athen, des Städtebelagerers, der der Herrschaft des von Kassander abhängigen Peripatetikers Demetrios ein Ende gemacht hatte: in dem Sohn des Antigonos wurde erstmals ein Mensch als

Soter begrüßt, als ‚Retter‘ oder, um in der Sprache Luthers zu reden, als ‚Heiland‘[6].

In der nächsten Generation wurden Soter, der ‚Heiland‘, Euergetes, der ‚Wohltäter‘, Epiphanes, der ‚auf Erden erscheinende Gott‘ mehr als gefällige Beinamen hellenistischer Herrscher, sie sind Ausdruck einer jetzt von den Königen geforderten kultischen Verehrung, stärkster Anspruch auf Anerkennung der unbedingten Königsgewalt, eines Absolutismus der letzten Konsequenz, der die Göttlichkeit des Monarchen und den Untertanen von Gottes Gnaden kennt.

Vieles und Entscheidendes war den hellenistischen Reichen gemeinsam, und doch war ihre Struktur alles andere als einheitlich. Sie entstammten alle dem einen Alexanderreich, aber sie sahen sich ähnlich wie Stiefgeschwister, Kinder verschiedener Mütter.

Die Ptolemäer hatten nicht so sehr das persische als das ägyptische Erbe fortzuentwickeln. Griechische Initiative und Rationalität verbanden sich hier mit uralten staatswirtschaftlichen Traditionen zu einem System von seltener Geschlossenheit und Funktionsfähigkeit. Die Könige verwalteten mit Hilfe einer durchorganisierten Bürokratie, an deren Spitze der Premier, der ‚Hausverwalter‘, stand, das Land, das nur wenige Griechenstädte hatte, wie ein Großgut. Der Boden befand sich zu einem überwiegenden Teil in der Hand des Pharao-Königs – daneben erscheinen Tempel, Militärsiedler, Würdenträger und einige wenige Private als Grundbesitzer –, der Hauptertrag der zunehmend intensivierten Landwirt-

[6] Unter den zahlreichen Ehrungen befand sich im übrigen auch eine vernünftige, durchaus praktische Verfassungsänderung: Durch Einrichtung der Antigonis und der Demetrias wurde die Zahl der kleisthenischen Phylen von zehn auf zwölf erhöht, wodurch Übereinstimmung der Prytanien mit den Monaten erreicht werden konnte.

schaft wurde aufgrund jährlich erneuerter Verträge von den Fellachen in der Form des Pachtzinses in die königlichen Scheuern gebracht. Wiewohl zahlreiche Gruppen ihre Privilegien genossen, waren sie doch alle in den Dienst der gemeinsamen Sache gestellt: Leiturgien – Ausrüstung von Kriegsschiffen für die Reichen, Handarbeit bei öffentlichen Vorhaben für die Armen –; ein bis ins letzte spezifiziertes Steuersystem, in dem der Staat überdies noch die Erträge bei privaten Unternehmern versicherte; die Monopolisierung aller kontrollierbaren wichtigen Bedarfsartikel, Öl, Bier, Salz, Textilien, Papyrus u. a.[7]; unentwegte staatliche Aufsicht und Initiative zu Ertragssteigerung und Melioration. Dies und manches mehr gab dem Ptolemäerstaat das Gepräge eines betriebsamen, wohlorganisierten Großunternehmens, das zwar bisweilen im Aktenwust der Bürokratie zu ersticken drohte, doch im ganzen beachtliche Erfolge erzielte. Die Könige der besten Zeit waren treffliche Hausväter, streng und großzügig zugleich; harter Arbeit, hohen Steuern und Preisen hielten ansprechende Einkommen die Waage: zumindest im dritten Jahrhundert v. Chr. war Ägypten ein Land der Prosperität.

Die Ptolemäer verstanden zu rechnen – ihre Zoll- und Handelspolitik trägt durchaus merkantilistische Züge –, und sie mußten auch rechnen, denn abgesehen davon, daß Alexandreia mit seinem Hof, der Bibliothek und der Gelehrtenakademie des Museions hohe Summen erforderte, bedurften vor allem die Metallvorräte dauernder Ergänzung,

[7] Man zahlte in diesem System, das auch moderne Finanzexperten vor Neid erblassen läßt, z. B. bei Öl, Bier, Salz nicht nur den von der Regierung festgesetzten Monopolpreis, sondern auch noch eine Sondersteuer für das Recht, diese in Ägypten unentbehrlichen Waren kaufen zu dürfen. – Einen ausgezeichneten Überblick über den Ptolemäerstaat gibt das knappe Einleitungskapitel bei: Hans Volkmann, Kleopatra, München 1953.

damit die Könige in den politischen Auseinandersetzungen der hellenistischen Welt mitreden konnten. Die Seleukiden trafen da in ihrem weiträumigeren Reich auf bessere Voraussetzungen, obwohl ihre Goldversorgung noch mehr im argen lag als die Ägyptens; sie hatten außerdem die Chance, den transkontinentalen Asienhandel in ihre Bahnen zu lenken. Aber die Ausdehnung ihres Reiches und die bunte Vielfalt der Völkertafel hinderten sie naturgemäß daran, ihre Herrschaft in einer den Ptolemäern vergleichbaren Weise durchzuorganisieren. Sie erkannten zwar sofort die ihrer Lage gemäße Aufgabe, trieben eine energische Makedonisierungs- und Hellenisierungspolitik, gründeten zahlreiche Städte – die vielen Benennungen nach dem Dynastiegründer Seleukos, seinen Eltern Antiochos und Laodike, und seiner Gattin Apame, der Tochter des Spitamenes, beweisen es – und legten Soldatensiedlungen an, ein gigantisches Werk, das dennoch nur kleine Inseln in einem unendlichen Meer schuf. In ihrem entscheidenden Problem, der Gewinnung der Iranier, hatten die Seleukiden nur Einzelerfolge, insgesamt scheiterten sie, wie das Vordringen der Parther zeigen sollte.

In ihrem Reichsaufbau schritten die Seleukiden auf den von den Persern vorgezeichneten Bahnen fort. Die Satrapien und ihre Unterteilungen, die durch den Zehnten, durch Steuern und außerordentliche Abgaben den Bedürfnissen des Hofes und des Reichsheeres gerecht wurden, hatten makedonische Statthalter oder, wo Einheimische verwendet werden konnten, zumindest makedonische Militärgouverneure. Auch die Nachfolger des Seleukos machten schon die betrübliche Erfahrung der römischen Kaiser, daß allzu starke Machtkonzentration in den Händen Untergebener zu Usurpation anreizt, weshalb sie dauernd bestrebt waren, den Umfang der Satrapien zu verkleinern. Daneben hatten die großen Tempelgüter, die eingesessenen Grundherren und auch die Städte, die neuen sowohl wie auch die alten in den langsam abbröckelnden westlichen Randgebieten, ein hohes Maß an Selbstverwaltung; nur durch den ‚Phoros', den Beitrag zu den Heeresausgaben, blieben sie mit der Zentralregierung verbunden. Doch den stärksten Beitrag zum Geld- und Naturaleinkommen der Herrscher leisteten die Grundhörigen der weiten Domänen des ‚Königslandes'. So lag es nicht an den materiellen Voraussetzungen, sondern an den Bruderkriegen im Herrscherhaus und mit den rivalisierenden, verschwägerten Dynastien der anderen Reiche, wenn die Seleukidenmacht mit zunehmender Beschleunigung schließlich der Schrumpfung, Aufspaltung und Auflösung verfiel.

Das Kernland Makedonien wurde durch den großen Aufbruch der Alexanderzeit, die Diadochenkriege und den Keltensturm strukturell nicht verändert, doch war es geschwächt und erschöpft, im Kräfteverhältnis zu Griechenland und den anderen Nachbarn etwa auf die Zeit der Anfänge Philipps zurückgeworfen, und dies, obwohl im griechischen Mutterland mit der hellenistischen Zeit Bevölkerung und Wirtschaft ständigem Substanzschwund unterlagen. Vielleicht hätte es ein stärkeres Makedonien Griechenland ersparen können, weiterhin als Kriegsschauplatz für eigene und fremde Kriege zu dienen. Jedenfalls bot das alte Hellas, trotz der Behelfsmächte des Achäischen und des Ätolischen Bundes, ein Bild des Rückschritts: war Makedonien um hundert Jahre zurückgeworfen, so treten in Griechenland Erscheinungen zutage, die dreihundert Jahre und mehr der Vergangenheit anzugehören schienen. Drei vor allem:

Da ist das Söldnertum. Fremde Söldner in fremden Heeren im eigenen Lande, eigene Söldner in fremden Landen, bei den Seleukiden, aber auch im Westen: das bedeutete zwar Weltläufigkeit, doch in einer stupiden Form, die wenig mehr mit der geistigen Kraft des archaischen Poeten Archilochos gemein hatte. Ätoler, Spartaner in fremden Diensten schwächten die heimische Ordnung, und der große Werbeplatz am Tainaron, dem Kap an der Südspitze der Halbinsel, wurde zur Drehscheibe dieses Menschenhandels, der ein kontinuierliches Element der Unruhe und der Unzufriedenheit darstellte.

Da sind ferner die Piraten. Kaum war die Zeit der attischen Seeherrschaft vorbei, tat sich auch das einstmals florierende Gewerbe des Seeraubs wieder auf, in Kleinasien und Kreta, später auch in Illyrien. Menschenraub und Lösegeld wurden zu aktuellen Themen im Alltagsgespräch der hellenistischen Griechen, ja in den politischen und kriegerischen Auseinandersetzungen der hellenistischen Staaten wurden die Seeräuber, ihre straffe Organisation und ihre Spitze, der ‚Erzpirat', zu Machtfaktoren, mit denen jeder König zu rechnen hatte.

Und endlich glitt auch die wirtschaftliche Situation der griechischen Stadtstaaten auf eine Stufe zurück, die die klassische Zeit des fünften Jahrhunderts spielend überwunden hatte. Die Produktion mutterländischer Qualitätserzeugnisse war den Griechen in den östlichen Reichen und den gelehrigen Schülern im Westen längst kein Geheimnis mehr, die Poleis hatten Schwierigkeiten, ihre Verluste im Außenhandel in einigermaßen erträglichen Grenzen zu halten – kennzeichnend ist, wie in hellenistischer Zeit zahlreiche Städte eigene Ämter, meist leiturgischen Charakters, für die Getreideversorgung schaffen – und die Straßen des Welthandels änderten unmerklich, aber stetig ihre Bahn. Athen und Korinth wurden von Rhodos überflügelt, dem neuen Knotenpunkt der Handelswege des östlichen, hellenistischen Mittelmeers; und auf Apolls ureigener Insel, dem heiligen Delos, dem Umschlageplatz des Weltgetreidehandels und großen Sklavenmarkt, wurden Kaufherren aus Ost und West, Syrer, Nabatäer, Italiker und viele andere, heimisch.

Griechenland geriet so auf die Schattenseite der hellenistischen Welt. Es wurde zum Land der sozialen Spannungen, der sozialen Revolution und der kleinen Stadttyrannen, in dem die Schlagworte der archaischen Zeit, Neuaufteilung des

Bodens und Schuldentilgung, stärkste Aktualität gewannen. So sind auch die verspäteten sozialen Reformpläne in Sparta, die den Königen Agis IV. 241 das Leben und Kleomenes III., der 222 in der Schlacht bei Sellasia einer Koalition zwischen dem tatkräftigen Makedonenkönig Antigonos Doson und dem achaischen Strategen Aratos erlag, den Thron kosteten, trotz aller lokalen Besonderheiten im Grunde nur Ausdruck der Zeit.

DIE DUNKLE WOLKE

Im Jahre 229 v. Chr. – in diesem Jahre starb Demetrios II. von Makedonien, und sein Vetter Antigonos Doson übernahm als Reichsverweser die Regierung; Athen wurde seine makedonische Besatzung los; die beiden rivalisierenden Bünde, der Ätolische und der Achäische, standen in der Blüte ihrer Macht; in Sparta rüstete sich König Kleomenes III. unter restaurativen Parolen zu einem Staatsstreich, um durch eine Diktatur der Krone die überfällige Sozial- und Bodenreform durchzusetzen – in diesem Jahre 229 betrat zum erstenmal ein römischer Soldat den Boden der Balkanhalbinsel. Es ging gegen illyrische Seeräuber, Rom nistete sich jetzt und in den folgenden Jahren am Küstenstreifen und auf den vorgelagerten Inseln ein. Noch kam es zu keiner Feindberührung mit griechischen Hopliten und Peltasten oder makedonischen Pezhetairen, die kommandierenden Konsuln negierten bei ihren Operationen die Existenz Makedoniens mit souveräner Verachtung. Die Griechen, voll Begeisterung über die Eindämmung der Seeräuberplage, über das neue Gegengewicht gegen Makedonien und über das Neue schlechthin, suchten sich anzubiedern. Im übrigen lebte man weiter wie bisher: die Griechen hielten sich und Makedonien in unentwirrbare Gegensätze verstrickt, als wären ihre Händel die Händel der Welt.

Im Jahre 217, in dem Jahre, als Hannibal das Heer des Konsuls Flaminius am Trasimenersee vernichtete, sprach Agelaos, ein Bürger von Naupaktos, bei einem Friedenskongreß vor den Mauern seiner Stadt die denkwürdigen Worte: ‚Wenn es Makedonien erst einmal dahin kommen läßt, daß die jetzt drohend im Westen stehende Wolke über Griechenland heraufzieht, dann bin ich in schwerer Sorge, daß die Waffenstillstände, die Kriege und all die Kinderspiele, die wir jetzt miteinander spielen, uns so gründlich ausgetrieben werden, daß wir dann die Götter auf den Knien anflehen werden, uns die Freiheit wiederzugeben, Kriege zu führen miteinander und Frieden zu schließen, wann wir wollen.'[1]

Der junge König Philipp V. von Makedonien zeigte sich von Überlegungen solcher Art immerhin so beeindruckt, daß er alsbald seinen vergeblichen Versuch unternahm, im Hannibalischen Krieg auf seiten der Karthager einzugreifen, doch dann ließ er sich durch den seleukidischen Vetter verlocken, die Schwäche des Ptolemäerreichs zu einem gemeinsamen Überfall zu nutzen. Er hatte schöne Erfolge im Ägäisraum, handelte sich aber damit die Feindschaft Pergamons und des Inselstaates Rhodos ein, die ihrerseits Anschluß an Rom suchten, von nun an auch unter Demütigungen dessen unentwegte Verbündete. Bald hatte er den Feind im Land. Der Krieg (der zweite Makedonische, 200–197) wurde schließlich in Thessalien, bei Kynoskephalai, entschieden. Er brachte Philipp, der alle auswärtigen Besitzungen verlor, die Beschränkung auf ein nationalmakedonisches Königreich und die Ehre eines Bündnisvertrags, der römischen Schutz versprach und auf künftigen Zuzug zum römischen Heer pochte, den Griechen aber die ‚Freiheit', die der Oberkommandierende, der junge Patrizier Titus Quinctius Flamininus, dessen akzentfreies Griechisch Bewunderung und Begeisterung erregte, an den Isthmischen Spielen 196 zu Korinth proklamieren ließ. Man nützte diese Freiheit zunächst zu einem gemeinsamen Krieg gegen Sparta, so daß es bis 194 dauerte, bis die italischen Bauernsoldaten wieder auf ihre Höfe zurückkehren konnten.

[1] So berichtet Polybios (V 104, dt. von Hans Drexler, Zürich 1961, S. 517), allerdings zwei Generationen später, als bereits alles entschieden war.

Das Auftreten der Römer im Osten trägt — sofern man das anders gelagerte Kulturgefälle in Abzug bringt — Züge eines schieren Kolonialismus. Ausbeutung in jeder Form, Geiselstellungen, Kunstraub, amtliche, halbamtliche und private Bereicherung und Erpressung, dies alles gehörte zu den alltäglichen Begleiterscheinungen. Die politische Annexion folgte der militärischen Eroberung nur zögernd, aber endgültig, in einer Form, die für lange Zeit das Besatzungsregime eher legitimierte als in friedlichen Bahnen weiterentwickelte. Die Zeit der späten römischen Republik war zugleich auch die düsterste in der Geschichte der ihr allmählich anheimfallenden griechischen Welt. Angesichts solcher Erscheinungen, die zumindest in näherem zeitlichem und räumlichem Abstand vorauszusehen waren, fragt man sich nach den Ursachen des Scheiterns aller Pläne und Hoffnungen für eine wirksame Selbstverteidigung. Die Verblendung der Griechen ist dabei eher verständlich als das Versagen der makedonischen Mächte.

Zwischen Römern und Makedonen ist es nach den ‚Pyrrhussiegen' nie mehr zu einer sich nach herkömmlichen Vorstellungen entwickelnden Schlacht gekommen[2]. Die Kriege und diplomatischen Unterhandlungen standen unter stärkstem psychologischem Druck, dem sich die hellenistischen Könige ausgesetzt fühlten. Sie hatten einfach Angst. Angst vor einer überlegenen, skrupellosen, ‚harten' Diplomatie, vor einer ihnen unbequemen Taktik des beweglichen Einzelkampfes, vor der Überlegenheit der Waffen, die in Italien von Etrurien bis Tarent in bester Qualität geschmiedet wurden, vor der allmählich sich verbreitenden Erkenntnis, daß der römische Frieden dem römischen Krieg an Schwere und Härte um nichts nachstand. So ließen sie sich durch das bedachtsame Zögern des allen voreiligen Engagements ab-

[2] Kynoskephalai 197 war ein ‚Roßbach', ein Überfall in der Bewegung; Magnesia 190 wurde durch Eumenes von Pergamon, Pydna 168 durch die überstürzte Flucht des Königs Perseus entschieden.

geneigten Senats nur zu leicht einlullen und zum Optimismus verführen – bis ihnen zum passenden Zeitpunkt ein nie versagendes Gedächtnis die Rechnung präsentierte. Allmählich entstand so in der östlichen Welt, fortschreitend von oben nach unten, der Mythos von der unbezwinglichen Kraft[3] Roms, der sich mächtige Könige in kläglichem Schauspiel beugten.

In das Machtvakuum, das durch den erzwungenen Rückzug Makedoniens in Griechenland entstanden war, suchte der Seleukide hineinzustoßen. Als ihn die Ätoler riefen, die sich jetzt, vom Druck des makedonischen Nachbarn befreit, von den Römern abwenden wollten, erschien Antiochos III. und rief damit auch die römischen Legionen auf den Plan: seine Rüstung war unzulänglich, seine stärkste Potenz, der Flüchtling Hannibal, durch Hofintrigen gelähmt, und so verlor Antiochos Schritt um Schritt Griechenland, die Herrschaft über die Ägäis und endlich auch mit der Schlacht von Magnesia am Sipylos (190) den Krieg. Die von Rom verhätschelten Pergamener diktierten ihm den Frieden von Apameia, der ihm seine Flotte, seine Elefanten und ganz Kleinasien absprach (188) und ihm eine fast unerschwingliche Kriegsentschädigung auferlegte. Die Römer aber zogen sich abermals zurück, nachdem sie die Kelten in Galatien dezimiert und ausgeplündert hatten.

Damit waren alle hellenistischen Großmächte in den Sog Roms geraten, obwohl die Legionäre, die mit kurzen Unterbrechungen 13 Jahre auf griechischem Boden gestanden hatten, nun 16 Jahre lang die Adria nicht überquerten. Philipp V., der sich im Syrischen Krieg korrekt auf die Seite seiner neuen ‚Verbündeten' gestellt hatte, konnte kleine Erfolge in Griechenland und im nördlichen Balkan nicht ausbauen, ohne sogleich den Verdacht Pergamons, der Rhodier

[3] Von nicht geringer psychologischer Wirkung war schon in vorhellenistischer Zeit, daß der Name Rom in griechischer Schreibung zufällig dem griechischen Wort für ‚Kraft' gleichlautend ist.

und des römischen Senats zu erregen, die schwachen Ptolemäer warfen sich nun vollends in die Arme der westlichen Großmacht, die ihnen schon seit langem vorteilhafte wirtschaftliche Beziehungen bot, und die Seleukiden, die im nächsten Jahrhundert mehr als eineinhalb Dutzend Herrscher zählten, konnten trotz einzelner tatkräftiger Herrschergestalten Apameia nie ganz verwinden und den Rückgang ihrer Macht nicht mehr aufhalten.

Jene Dynamik, die ein wesentliches Vermächtnis Alexanders an seine Nachfolger war, vermochte sich im zweiten vorchristlichen Jahrhundert nur in einem Winkel der hellenistischen Welt neu zu entfalten. Die Satrapen Baktriens, die im fernen Nordosten eine verhältnismäßig starke Stütze in den Kolonien und Militärsiedlungen fanden, nahmen sich angesichts der seleukidischen Schwäche die volle Unabhängigkeit, und als vollends die fast gleichzeitige Kapitulation von Apameia und der Zerfall des buddhistischen Aschokareiches in Indien die Chance zu neuer Initiative boten, nutzten sie dies zu einer der großartigsten Unternehmungen der griechischen Geschichte.

Über König Demetrios von Baktrien wissen die antiken Historiker nur wenig zu berichten[4], trotzdem war er eine der bedeutendsten Eroberergestalten des Altertums. Nachdem er sich gegen Westen abgesichert hatte, stieß er durch das Kabultal zum Indus vor, kam, auf Alexanders Spuren, im Flußtal nach Pattala, wo er einen gewaltigen Zangenangriff organisierte, dessen einer Arm im Norden durch die Pforte von

[4] Die Rekonstruktion seiner Geschichte, die bei dem Versagen der griechischen Quellen teils auf Münzen, teils auf einige wenige indische Überlieferungen angewiesen ist, verdankt die Forschung im wesentlichen W. W. Tarn und seinem Buch The Greeks in Bactria and India, 2. Aufl. London 1952; wesentliche Ergänzungen dazu bei A. K. Narain, The Indo-Greeks, Oxford 1957, und F. Altheim, J. Rehork (Hrsg.), Der Hellenismus in Mittelasien, Darmstadt 1969.

Delhi nach Osten stieß, während der andere im Süden der Indischen Wüste Vorderindien durchdrang. Ziel war die Hauptstadt des Mauryareiches, Pataliputra am mittleren Ganges, deren Eroberung wohl auch gelungen wäre, wenn nicht die Seleukiden durch einen Griff nach Baktrien den Eroberer zur Umkehr gezwungen und endlich getötet hätten. Doch die Politik dieses Demetrios, die sein befähigtster General, sein Schwiegersohn Menander, fortsetzte, war von genauerer Kenntnis der geographischen und ethnographischen Bedingungen Indiens getragen. So konnte sich in einem Prozeß starker kultureller und religiöser Verschmelzung und Durchdringung ein baktrisch-indisches Reich unter griechischer Führung bis über das Ende des Seleukidenreiches hinaus halten, obwohl es durch innere Rivalitäten und durch den Druck der iranischen Völker immer mehr eingeengt wurde. Erst um die Mitte des ersten Jahrhunderts v. Chr. wurden die letzten Herrscher dieser Dynastie im Kabultal durch den neuen Völkersturm der Kuschan überrollt.

Im Westen beherrschten die Römer nach Apameia eindeutig das Feld. Die Seleukiden befleißigten sich peinlicher Korrektheit, die Ptolemäer waren in ihrer Schwäche zu bedingungslosen Jasagern geworden, die sich von den gleichgestimmten Attaliden in Pergamon nur durch ihre Passivität unterschieden, nur in Makedonien suchten der alternde Philipp und nach ihm sein Sohn Perseus (179–168) nach einem Ausweg aus ihrer verzweifelten Situation. Aber die beachtlichen materiellen und finanziellen Zurüstungen nützten Perseus wenig bei seinem entscheidenden Kampf, denn die überlegene römische Diplomatie hatte ihn bald völlig eingekreist. Die militärischen Operationen des dritten Makedonischen Krieges 171–168 endeten mit dem Blitzsieg des L. Aemilius Paullus, der den König bei Pydna schlug, ihn gefangennahm und zum Triumph nach Rom brachte.

Der letzte der Antigoniden überlebte seinen Fall nicht lange, während Rom von seinen Möglichkeiten noch immer nicht vollen Gebrauch machte: es begnügte sich damit, Makedonien in vier unabhängige Fürstentümer zu zerschlagen und seine griechischen Freunde zu versklaven oder zu deportieren; wenig später wurde im Interesse des italischen Handels aus fadenscheinigen Gründen das Wirtschaftspotential der Inselstadt Rhodos entscheidend geschwächt, der letzten Macht, die nach dem Niedergang des jetzt gefahrlosen und darum von den Römern hochgeehrten Athen dem Seeräubertum der Ägäis einigen Widerstand hatte entgegensetzen können.

Noch einmal fiel unter Antiochos IV. Epiphanes (175–164), jenem seltsam schillernden, volkstümlichen und aufklärerischen König, der durch den Hellenisierungsversuch in Judäa und den darauffolgenden Aufstand der Makkabäer unsterblich geworden ist, ein Abglanz der alten Größe auf das Seleukidenreich. Dieser Antiochos war in seiner Jugend Geisel in Rom gewesen, entscheidende Jahre, die ihn mit einer geborgten Energie erfüllten. Nun gelang ihm im Gegenschlag gegen einen Angriff auf Syrien beinahe die Eroberung Ägyptens – da beugte er sich dem Machtanspruch eines Senatsboten und brach das Unternehmen ab. Immerhin hielt die Fassade der Großmacht noch bis zu seinem Tode vor, erst später kam es zu der denkwürdigen Szene, daß auf Befehl eines Senatsgesandten – Gnaeus Octavius hieß er, ein Mann aus dem Geschlecht des Augustus – die Zwangsabrüstung kompromißlos durchgeführt wurde, indem man die seleukidische Flotte verbrannte und den Kriegselefanten die Fußsehnen durchschnitt.

Bedurfte es noch der dynastischen Kämpfe im Seleukidenreich und in Ägypten, des Ausgreifens der Parther, die in Mithridates I. (175–137) ihren eigentlichen Reichsgründer fanden, um den Zerfall der hellenistischen Welt zu beschleunigen? Aufstände bewiesen den Römern, daß ihre zögernde Haltung gegenüber jeglicher Ausweitung ihres Reichsgebiets im Osten nicht der Weisheit letzter Schluß war. So wurde denn 148 die Provinz Macedonia eingerichtet, und wenig später, als der Achäische Bund sich in selbstmörderischer Verzweiflung erhoben hatte und Korinth brutal zerstört worden war (146, im selben Jahr wie Karthago), Griechenland dazugeschlagen. Die Frage nach dem Verhältnis zwischen Makedonien und Griechenland, die seit den Tagen Philipp II. viel politisches Geschick und viel Blut gekostet hatte, fand jetzt im Untertanengehorsam seine einfache, fortan unwidersprochene Lösung.

Seit der Mitte des zweiten Jahrhunderts wurde es unter den hellenistischen Staaten üblich, ihren Bankrott offiziell zu erklären. Dies geschah in der seltsamen Form, daß ein König sein Reich testamentarisch nicht seinem Nachfolger, sondern dem römischen Volk vermachte. Im letzten Grunde war dieses Verfahren ehrlich, denn das ‚speergewonnene' Land, durch den Speer zerronnen wie gewonnen, ging damit vom Eroberer auf den Eroberer über. Die eigentlich ptolemäische Erfindung wurde erstmals von Attalos III. von Pergamon wirksam praktiziert, der den Römern 133 zur Provinz Asia verhalf – 96 folgte Kyrene, 74 Bithynien –, während bei den Seleukiden und Ptolemäern der Prozeß des Zerfalls, der inneren Wirren und der Entartung der Dynastien ihren Fortgang nahm.

Das römische Kolonialregime der voraugusteischen Zeit betrieb ein raffiniertes System der Ausbeutung. Die von Rom entsandten Statthalter wechselten rasch, in der Regel jährlich, und besaßen in ihrem Amtsbereich volle, jedem Mißbrauch offene Souveränität, gegen die die einzige Appellationsmöglichkeit der Provinzialen, die Klageerhebung in Rom, einen völlig unzureichenden, zudem von den wechselnden Konstellationen der Tagespolitik abhängigen Schutz bot. Die geringen Erfahrungen in der Reichsverwaltung veranlaßten den stadtrömischen Senat außerdem, die Einziehung der Steuern und Gefälle der privaten Hand zu überlassen. Die römischen Ritter, Ciceros ‚ehrenwerte Freunde', schlossen sich zu Kapitalgesellschaften zusammen, ersteigerten sich in Rom ihre Provinzen und wirtschafteten den bei der Auktion erlegten oder zugesicherten Betrag samt erheblichem Profit durch die Beitreibung in den Provinzen wieder heraus, wurden so im Osten zur gefürchteten Landplage und in der Hauptstadt zur nicht minder bedeutungsvollen Geldmacht[5].

Noch nahmen die Völker die Veränderung der Dinge nicht unwidersprochen hin. Aufstände flammten hier und dort auf, die das Signum sozialer Auseinandersetzungen trugen – nicht nur in Sizilien und Italien, wo der Name Spartacus Geschichte machte, auch im Osten kam es immer wieder zu Sklavenunruhen –, bis sich die antirömische Stimmung der letzte freie hellenistische Herrscher zunutze machte, Mithridates VI. Eupator von Pontus. Dieser iranisch-griechische König, der sich ein Schwarzmeerreich zimmern konnte, nutzte die Gunst der Stunde, als sich Rom im Krieg mit Italien sah, zu einem furchtbaren Gegenschlag: er organisierte die Hinmordung von 80 000 Italikern in der Provinz Asia, griff noch im selben Jahr 88, vielerorts als Befreier und Gott begrüßt, nach Griechenland über. Der geniale, skrupellose Sulla konnte ihn zwar mit seinem römischen Söldnerheer wieder vertreiben[6], doch da er sich in seinen Privatkrieg gegen Marius und dessen Anhang verwickelt sah, reichten Kräfte und Zeit

[5] In der Verwaltung der Länder änderten die Römer wenig, besserten nichts. Die Erträge setzten sich, vor allem in Asia, der Perle aller Provinzen, aus *decima, scriptura, portorium* zusammen, wie uns Cicero ausführlich berichtet, d. h. besteuert wurden der Bodenertrag mit dem Zehnten, die Viehhaltung durch Weidegebühren, der Handel durch Hafen- und Torzoll.

[6] Plünderung der Tempelschätze in Olympia, Delphi und sonst zur Finanzierung einer von Rom unabhängigen Kriegführung, die Belagerung Athens, die durch Requirierungen, Flur-, Baum- und Gebäudeschäden, sowie durch das Blutbad bei der Eroberung die Stadt schlimmer mitnahm als die Perser von 480, und endlich der Kunstraub der Sieger machten die Jahre 87/86 zu einer der schwersten Heimsuchungen der griechischen Geschichte.

nicht mehr zur völligen Vernichtung des pontischen Todfeinds: ein volles Vierteljahrhundert konnte Mithridates, in allen Rückschlägen unverzagt, seinem Haß leben, bis ihm inmitten neuer großer Pläne gegen Rom sein Sohn Pharnakes zuvorkam – mehrere Söhne hatte der argwöhnische Sultan zuvor schon beseitigt – und ihn zum Selbstmord nötigte.

Dies geschah bereits in jener Zeit, da die römische Republik dem griechischen Osten endlich einmal einen Wohltäter bescherte: Pompeius, der sich selbst der Große nannte, doch zu jener Zeit mit besserem Recht als sein Lehrmeister Sulla der Glückliche heißen konnte. Der bedeutende Organisator beseitigte in seinem Feldzug des Sommers 67 ein für allemal die Seeräuber; auf die Befriedung des Meeres folgte die Befriedung Kleinasiens, wo es Pompeius binnen kurzem gelang, was sein Vorgänger Lucullus nicht hatte erreichen können, die endgültige Ausschaltung des Mithridates und des mit ihm verbündeten Armeniens; und endlich richtete er 63 v. Chr. die Provinz Syria ein, machte der Herrschaft der Seleukiden in ihrem Restgebiet ein Ende, das zuvor zwanzig Jahre lang nicht viel mehr als eine Provinz Armeniens gewesen war.

Die Aktionen des Pompeius führten zwei Entscheidungen von weltgeschichtlicher Bedeutung herbei: durch die Arrondierung des römischen Gebiets wurde das Mittelmeer zum römischen Meer, zum *mare nostrum,* und durch die Besetzung des Ostrandes übernahmen die Römer wohl oder übel die Aufgabe der Sicherung gegen die Nachbarn, die Sicherung des Euphratraumes, in dem nun die Großmächte Rom und Parthien aneinanderstießen.

Im übrigen hatte der Osten jetzt rund eineinhalb Jahrzehnte lang Frieden, einen Frieden, der auch positive Seiten der römischen Herrschaft zur Geltung zu bringen versprach, vor allem die starke wirtschaftliche Initiative, die italische Kaufleute, Bankiers und Handelskapitäne entfalteten. Doch das Unheil kam erneut von Roms Aristokratie: die letzte Phase der Bürgerkriege, die die Schlachten von Pharsalos (48),

Philippi (42) und Actium (31) bezeichnen, zog vor allem das griechische Mutterland schwer in Mitleidenschaft. Zwar rettete sich Athen, das durch die Unterstützung des Mithridates und später des Antonius zweimal aufs falsche Pferd gesetzt hatte, durch seinen alten Ruhm vor exemplarischer Bestrafung und Zerstörung, zwar suchte Caesar mit der Erneuerung Korinths, das später die Residenz des Prokonsuls von ‚Achaia' war, alte Sünden seines Standes wieder gut zu machen, doch für das Armenhaus Griechenland kamen die Segnungen des augusteischen Kaiserfriedens, dem Kleinasien und viele Gebiete des Ostens dauernden Wohlstand verdankten, schon zu spät. Verödet und ärmlich lebte Griechenland zu einem guten Teil fortan von seinem Fremdenverkehr, seinen Antiquitäten und gelehrten Schulen. Seine Geschichte aber endet im Altertum mit einer makabren Groteske: Nero schenkte den Griechen noch einmal die Freiheit, ohne Abgaben und ohne römischen Statthalter sollten sie leben; doch Unruhen, Hader und Kleinkrieg drohten wie in alten Zeiten auszubrechen, so daß Vespasian die Provinzialordnung mit einem Federstrich wiederherstellte, mit einer verächtlichen Bemerkung über die Leute, die es verlernt hätten, in Freiheit zu leben.

Während die veränderte Raumordnung der römisch-parthischen Welt das Seleukidenreich spurlos verschwinden ließ, glitt Ägypten, wenn auch ohne seine Außenbesitzungen, ungeschmälert in römischen Besitz über. Kleopatra, die letzte Nachfahrin der makedonischen Fürsten, hat durch ihre so verschiedenartigen persönlichen Beziehungen zu Caesar, Antonius und Octavian, dem späteren Augustus, diesen Prozeß eher retardiert als heraufbeschworen: Ägypten wurde zum wertvollen, ängstlich gehüteten Hausbesitz der römischen Kaiser.

Römer und Parther haben das griechische Erbe des Hellenismus, seine Lebensart und seine Kultur, fast ebenso geachtet und gewahrt wie die ohnmächtigen makedonischen Dynastien der Spätzeit. Trotzdem befand sich der Hellenismus seit dem zweiten Jahrhundert v. Chr. auf dem Rückzug, zunächst in die festen Bastionen der Städte, während das offene Land an die einheimischen Elemente und Formen zurückfiel, dann auch im parthischen Osten in den Städten selbst durch Vermischungen verschiedenster Art, die sich unkontrolliert verzettelten, bis er lange vor dem Aufbruch des Islam versickerte. Im Westen aber strömte er breit in die römische Welt ein – personell und inhaltlich vom gesamten hellenistischen Griechentum, nicht nur vom Mutterland getragen – erfaßte in einem ersten Prozeß des Humanismus die römische Oberschicht und ihre Kultur, bereicherte sie und damit die gesamte europäische Geschichte mit dem Gedankengut der Philosophie, mit der Kunst und Literatur der Griechen, den Kategorien ihrer Ethik und Ästhetik. Die östliche Hälfte des Römerreiches aber, von der Straße von Otranto bis zum Euphrat, blieb eine griechische Welt unter römischer Leitung. Griechisch war die Sprache der Verwaltung und der Geschäftswelt, griechisch selbstverständlich die Sprache der Hohen Schulen und der Munizipalitäten, griechisch die Sprache aller Menschen, die über den engeren Bereich ihrer Muttersprache hinaus wirken wollten. Griechisch ist demnach auch die Sprache des Neuen Testaments und der christlichen Theologie, aber auch die Sprache einer nach wie vor reichen, sich ständig erneuernden Literatur und Philosophie. Als sich diese Welt nach Jahrhunderten stärker dem Osten öffnete und schließlich Stück für Stück der Völkerwelle des Islam anheimfiel, hatte sich längst die griechische Hälfte des Reiches der Römer in das griechische Reich der Rhomäer gewandelt und sich so ein weiteres Jahrtausend der Geschichte gerettet.

ZEITTAFEL[1]

1950	Erste indogermanische Einwanderung in Griechenland
1600–1150	Mykenische (späthelladische) Zeit
1300	Kampf um Troja
1250	Beginn der Großen Wanderung
8. Jh.	Der spartanische Kosmos; Zusammenschluß Attikas
776	Die ersten panhellenischen Spiele in Olympia
750–550	Die Große Kolonisation
750	Homer
700	Hesiod
650	Beginn der Tyrannenzeit
632	Staatsstreichsversuch des Kylon in Athen
624	Drakon
594	Solon
561–528	Peisistratos
547	Vernichtung des Lyderreichs durch Kyros (559–530)
540	Seeschlacht bei Alalia
514	Tyrannenmord in Athen
512	Skythenzug des Dareios I. (522–486)
510	Vertreibung des Hippias
508	Reform des Kleisthenes
500–494	Der Ionische Aufstand
492	Zug des Mardonios
490	Marathon
480	Artemision und Thermopylai; Zerstörung Athens durch Xerxes I. (486–464); Salamis, Himera
479	Plataä, Mykale

[1] Kursiv gesetzte Zahlen sind geschätzt oder nicht gesichert. Auch gesicherte Daten können um ± 1 abweichen, da in den gebräuchlichen griechischen und makedonischen Kalendern und Ären das Jahr im Hochsommer oder im Herbst begann.

478	Der Delisch-Attische Seebund
474	Seeschlacht bei Kyme
467	Schlacht am Eurymedon
464	Erdbeben in Sparta
462	Reform des Ephialtes
461—429	Perikles leitender Staatsmann
460—454	Seebundexpedition in Ägypten
457	Tanagra und Oinophyta
453	Waffenstillstand zwischen Athen und Sparta
450	Sieg der Athener bei Salamis auf Zypern
449	Frieden des Kallias
447	Schlacht bei Koroneia; der Böotische Bund
446	30jähriger Frieden zwischen Athen und Sparta
445	Plan eines panhellenischen Kongresses
444	Gründung von Thurioi
431—404	Der Peloponnesische Krieg
430	Die Pest in Athen
425	Sieg der Athener bei Pylos (Sphakteria)
424—422	Zug des Brasidas
421	Der Frieden des Nikias
418	Schlacht bei Mantineia
415—413	Die Sizilische Expedition
411	Oligarchie in Athen
410	Sieg des Alkibiades bei Kyzikos
405	Schlacht bei den Ziegenflüssen
405—367	Dionysios I. von Syrakus
404	Kapitulation Athens, Einsetzung der Dreißig
401	Der Zug der Zehntausend
400—394	Spartas Perserkrieg
399	Der Prozeß des Sokrates
394	Seeschlacht bei Knidos
387	Der Königsfrieden
377	Der Zweite Attische Seebund
371	Schlacht bei Leuktra
362	Tod des Epameinondas bei Mantineia
359—336	Philipp II. von Makedonien
352	Sieg Philipps über die phokischen Söldner
346	Frieden des Philokrates

338	Schlacht bei Chaironeia
337	Der Korinthische Bund
336	Ermordung Philipps
335	Alexander zerstört Theben
334	Schlacht am Granikos
333	Schlacht bei Issos
332	Alexander in Ägypten
331	Schlacht bei Gaugamela
330	Brand von Persepolis
327–325	Alexander in Indien
323	Tod Alexanders des Großen in Babylon
321	Vertrag von Triparadeisos
306/5	Annahme des Königstitels durch die Diadochen
301	Schlacht bei Ipsos
281	Schlacht bei Kurupedion
280–275	Pyrrhos in Italien und Sizilien
279	Der Kelteneinfall
277	Antigonos besiegt die Kelten bei Lysimacheia
261	Seesieg des Antigonos bei Kos
241	Tod des Königs Agis IV. von Sparta
222	Schlacht bei Sellasia
217	Schlacht bei Raphia
215–205	Der erste Makedonische Krieg der Römer
212–205	Anabasis des Antiochos III.
200–197	Der zweite Makedonische Krieg (Kynoskephalai)
196	Freiheitsproklamation des Flamininus in Korinth
192–188	Der Krieg der Römer gegen Antiochos III. (Magnesia)
170	Belagerung von Pataliputra durch Demetrios von Baktrien
171–168	Der dritte Makedonische Krieg (Pydna)
175–*164*	Antiochos IV.
148	Provinz Macedonia
146	Zerstörung Korinths
133	Testament des Attalos III. von Pergamon: Provinz Asia
96	Provinz Cyrene
87/86	Sulla vertreibt Mithridates VI. aus Griechenland
74	Provinz Bithynia

63	Tod des Mithridates; Pompeius richtet die Provinz Syria ein
48	Schlacht bei Pharsalos
42	Schlacht bei Philippi
31	Schlacht bei Actium
30	Tod der Kleopatra; Ägypten Hausbesitz der römischen Kaiser
67 n. Chr.	Freiheitsproklamation Neros